Poezja Katarzyny

Życie jest Drogą...

Historia Pewnej Podróży
Wierszami Spisana

Katarzyna
Nowocin-Kowalczyk

Życie jest Drogą...

*Historia Pewnej Podróży
Wierszami Spisana*

Ta książka jest fikcją. Nazwiska, postacie, miejsca i zdarzenia są wytworem wyobraźni autora lub są używane fikcyjnie. Wszelkie podobieństwo do rzeczywistych wydarzeń, miejsc lub osób żyjących lub zmarłych jest przypadkowe.

Numer ISBN: 979-8-9868604-9-7

Tytuł oryginalny:
Życie jest Drogą… Historia pewnej podróży wierszami spisana
Autor: Katarzyna Nowocin-Kowalczyk

Zdjęcie na okładce: Dieter Peter Windheim
Projekt okładki: Kay Umland
Zdjęcia w książce: Dieter Peter Windheim

Pierwszy druk 2022

Wydawca: Katarzyna Nowocin-Kowalczyk
knowocin.kowalczyk@gmail.com
https://www.katarzynank.com/

Czas to Twoje Życie

Życie jest o Miłości

Miłość jest Drogą

Przypomnij Sobie Kim Jesteś

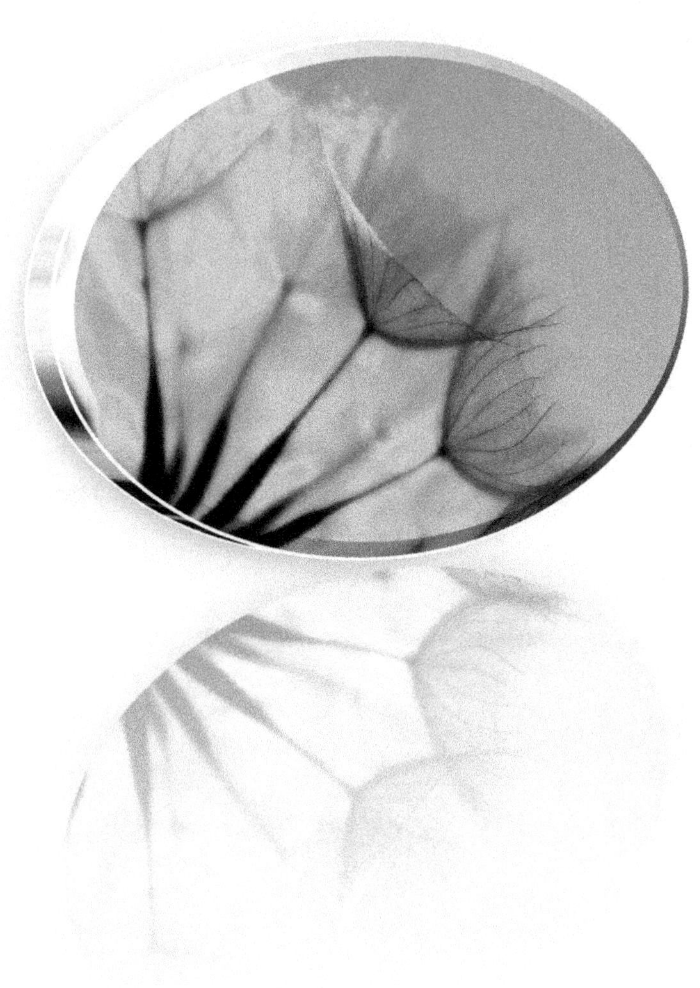

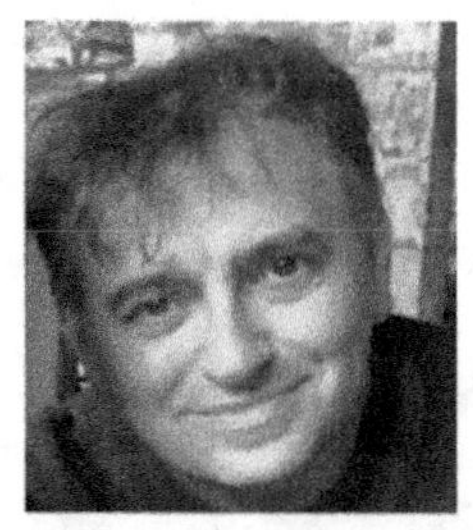

Recenzja

Poezja jest świętem uczuć, które wznieca. Poczułem to nie tylko w słowach napisanych przez Katarzynę Nowocin-Kowalczyk, ale też w słowach wypowiedzianych do mnie osobiście. Czytając poezję Katarzyny, odczułem brak dystansu pomiędzy jej słowem pisanym a tym wypowiedzianym. Katarzyna jest tym, co mówi i co pisze. Jej poezja dotyka serca i porusza struny emocji. Sprawia, że czytelnik lub słuchasz utożsamia się z każdym słowem zawartym w tych wierszach. Ta poezja jest mądrością samą w sobie.

Wiersze Katarzyny są pełne nadziei i zbliżenia serc. Poetka przestawia w tej książce historię serca, metaforycznie nitkami słów wiąże psychikę mężczyzny i kobiety dążących do siebie. Jest to trudna droga, bo najpierw na przeszkodzie stoi ego, a potem poczucie winy. Katarzyna rozwija tę drogę przed czytelnikiem prosto i pięknie. Mnóstwo tu uczuć, emocji, historii, z którymi tak łatwo się utożsamić.

Czytając tę poezję odpocząłem od świata doczesnego. Przeniosłem się w eter wyznania miłości, ale też zaangażowałem się w te historie. Bo to są historie o każdym z nas. Zależało mi na szczęśliwym rozegraniu kwestii. Nie byłem w stanie odłożyć wierszy aż dobiegłem końca treści. A to dla mnie wprost oznacza coś godnego rekomendacji.

Konrad Tademar, poeta

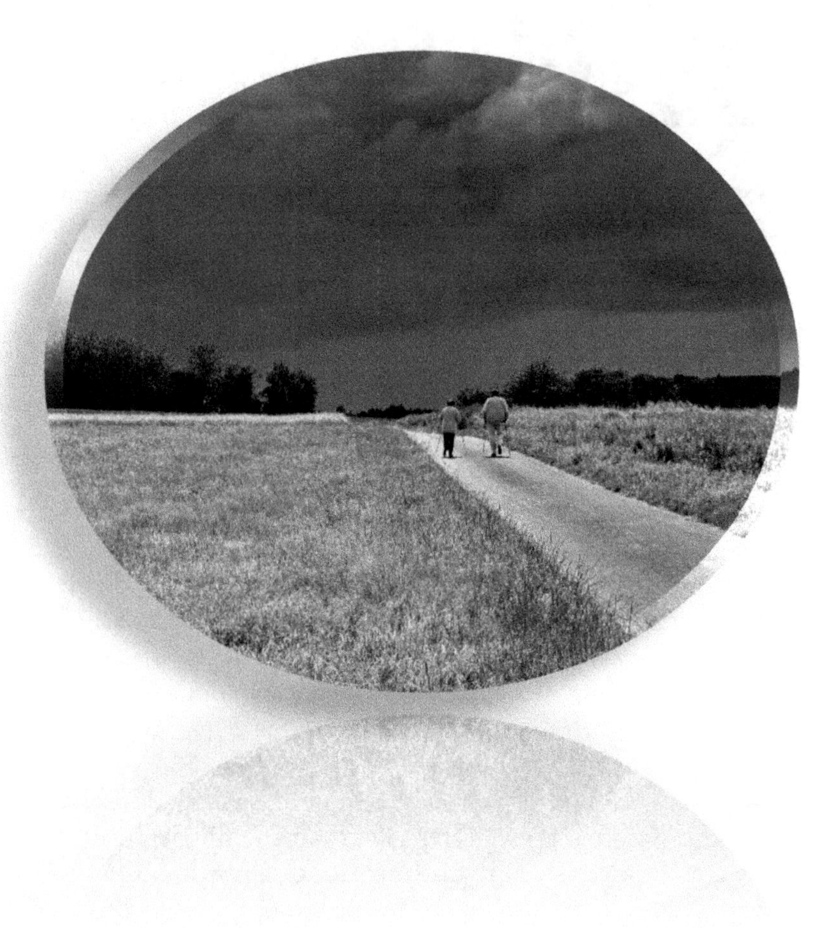

Od Autora

Życie jest Drogą...

I ta droga bywa różna. Czasem prosta, czasem pełna zakrętów i wybojów. Czasem świeci słońce, czasem wieje wiatr, a czasem są burze. Ale niezależnie od zawirowań pogodowych, to my wybieramy swoją własną drogę. Każdy wybiera sam. Każdy decyduje sam. Każdy sam pisze swój własny scenariusz pt. 'Moje życie'.

Warto przyjrzeć się swojej drodze i warto odnaleźć na tej drodze siebie. Warto trzymać ster swojego pojazdu w tej podróży zwanej życiem. Warto przyglądać się swoim wyborom i zastanowić, czego nauczyło nas konkretne doświadczenie. Nazywamy to odpowiedzialnością. Świadomość to odpowiedzialność za swoje słowa, czyny, decyzje. Obwinianie kogokolwiek o cokolwiek jest brakiem dojrzałości. Brakiem świadomości. Ale przede wszystkim, warto wybrać drogę Miłości.

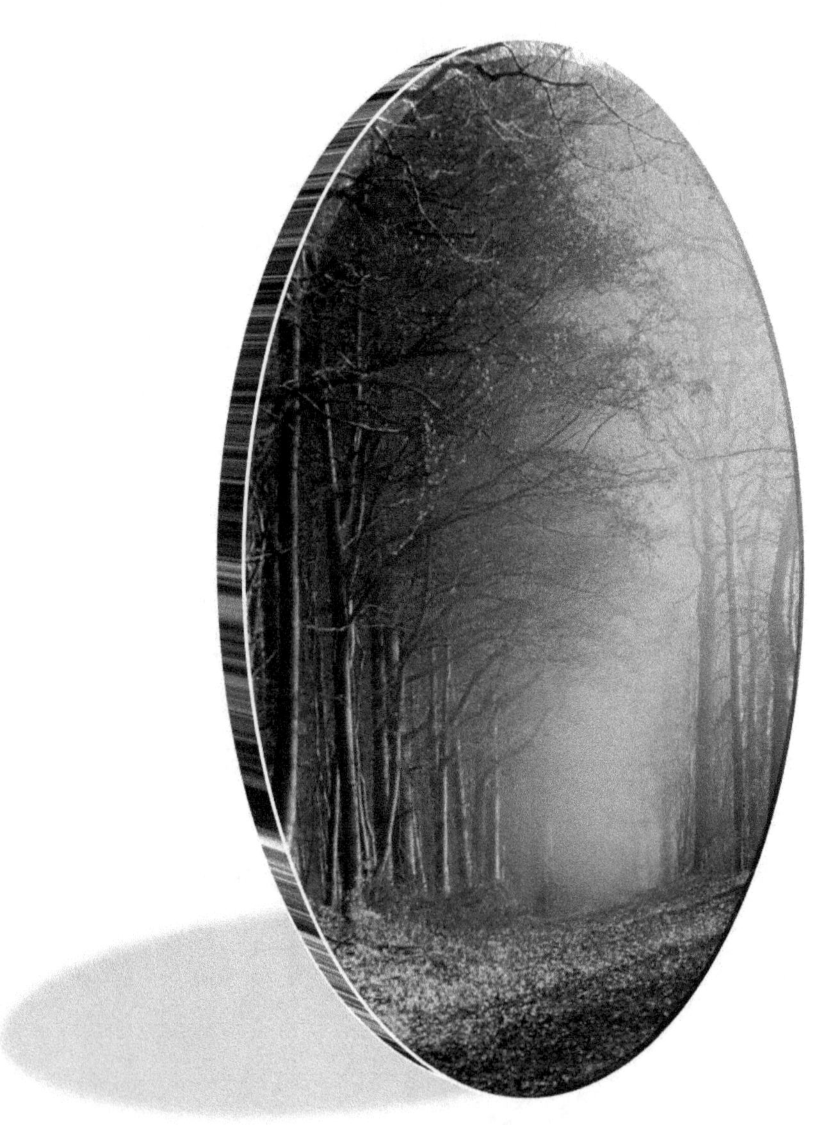

Życie jest podróżą...

I *jest to swoista podróż w czasie. Bo Czas to nasze życie. Nasze życie to podróż, którą każdy z nas musi odbyć sam. Jednak po drodze spotykamy innych podróżników. Jedni wędrują z nami dłużej, inni tylko przez chwilę. Ale nasze życie dotyczy nas. To jest nasza własna podróż.*

Warto podziękować tym wszystkim podróżnikom, którzy pojawili się w naszej podróży zwanej życiem. Nawet, jeśli dali nam trudne doświadczenie. A może właśnie szczególnie tym… Bo od każdego z nich mieliśmy szansę czegoś się nauczyć.

-Katarzyna Nowocin-Kowalczyk

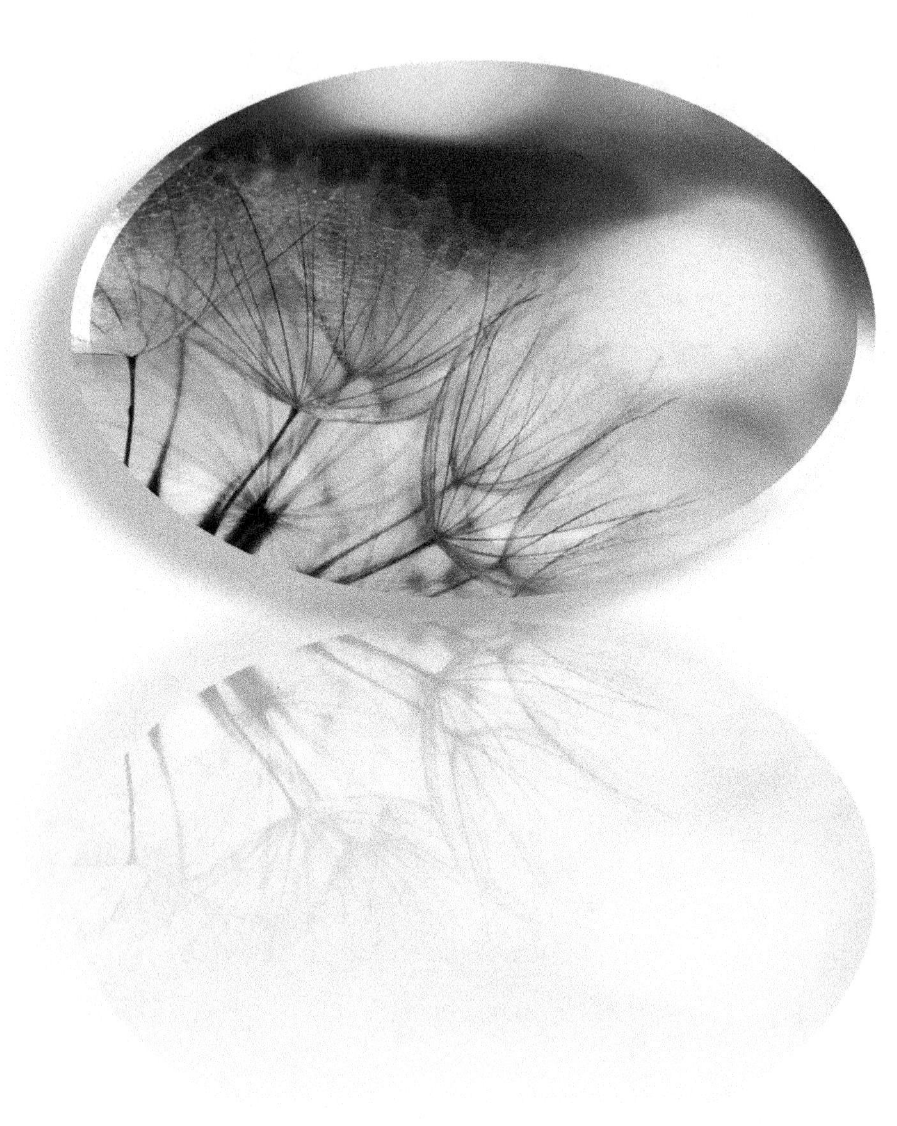

Prolog

Jedyna droga jaką masz do przebycia w życiu, to droga w głąb siebie. Dlatego doświadczasz. Bo tylko poprzez doświadczanie możesz odnaleźć Prawdę i zrozumieć to, co masz zrozumieć. Tylko poprzez doświadczanie, możesz odnaleźć siebie.

KATARZYNA NOWOCIN-KOWALCZYK

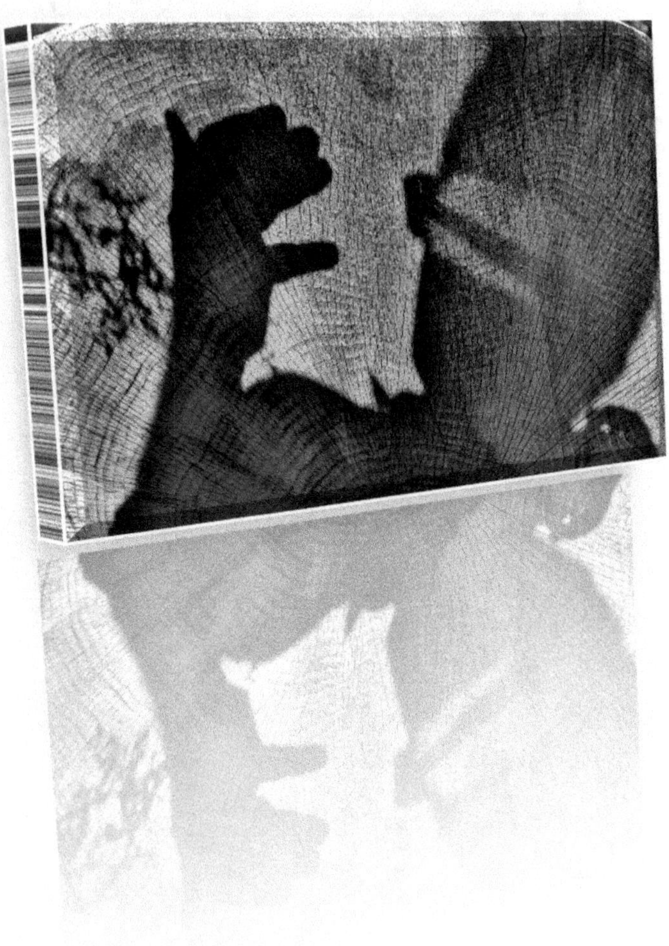

Pytania

Czy ten większym katolikiem,
kto Brata Woli nie szanuje?

Czy ten większym patriotą,
kto Dom swój demoluje?

Czy Racja po stronie tego,
kto Rację Siłą forsuje?

Czy Racja po stronie tego,
kto Krzykiem Rację egzekwuje?

Czy Prawym jest Ten,
kto Wojnę nad Pokój miłuje?

Czy Ten bliżej Boga,
kto na Brata pluje?

Czyż Krzyk, Strachem nie jest,
a Głupotą Zawiść?

Czy Miłość Nienawiścią,
a Pokora Pychą?

Świat odwrócony,
człowiek zagubiony.

Pojęcia pomylone,
głowy otumanione.

Prawda w emocjach szukana,
logiką nazywana.

Ogień Agresją wzniecony,
pali Dom w trudzie wzniesiony.

Brat na Brata rękę wznosi,
Kain na Abla, jak księga głosi.

Pytania

Niewielu księgę tę rozumie,
bo co Głupiemu po Rozumie?

Głupi rozumy swe pozjadał,
i z emocjami się dogadał.

I krzyczy, bo pusta głowa,
a z ust wyrzuca agresji słowa.

Mądry w swej ciszy się zaduma,
Sercem przemówi, gdy nad Domem łuna.

Życie, Czymże Jesteś

Życie - dane, niedoceniane
Żyć będę wiecznie - mówisz butnie
Myśli o śmierci zagłuszane
Los tylko uśmiecha się smutnie

Życie - kruche, ulotne, krótkie
Ty do materii przywiązany
I te twoje myśli malutkie
Tracisz czas, który jest ci dany

Bóg lekcje daje, ty nie słuchasz
Anioły zsyła - ty narzekasz
Bogactwo daje, tylko wzdychasz
Łapiesz chciwie, na więcej czekasz

Życie, Czymże Jesteś

Zdrowie dostajesz - nie doceniasz
Miłość spotykasz - i odrzucasz
Sam nic nie dajesz - i obwiniasz
Ego dopieszczasz - życie spłycasz

Życie - jedna chwila malutka
Tak bardzo niewykorzystana
Trochę smutna i wesolutka
Często jednak niedoceniana

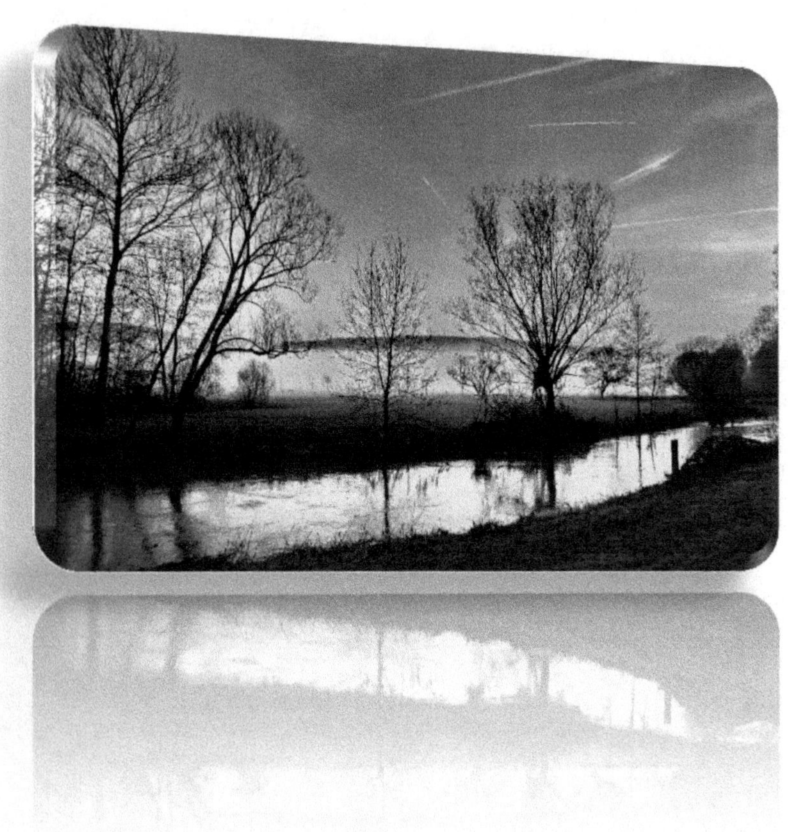

Ten Twój Świat...

Przyszłam na ten świat nieprzygotowana
Bezbronna, naga wielką naiwnością
Grzechami doświadczenia nieskalana
Nieprzerażona życia brutalnością

Tyle marzeń przez głowę przeleciało
Swoje plany, by szczęście złapać miałam
Ach, jakże smakować życie się chciało
Od przeznaczenia uciec próbowałam

Odkryłam świata tego twarz prawdziwą
I jakże różną od tej obiecanej
Tak bolesną, nieprzyjazną, kłamliwą
Spojrzałam w twarz, z nici krzywd ludzi tkanej

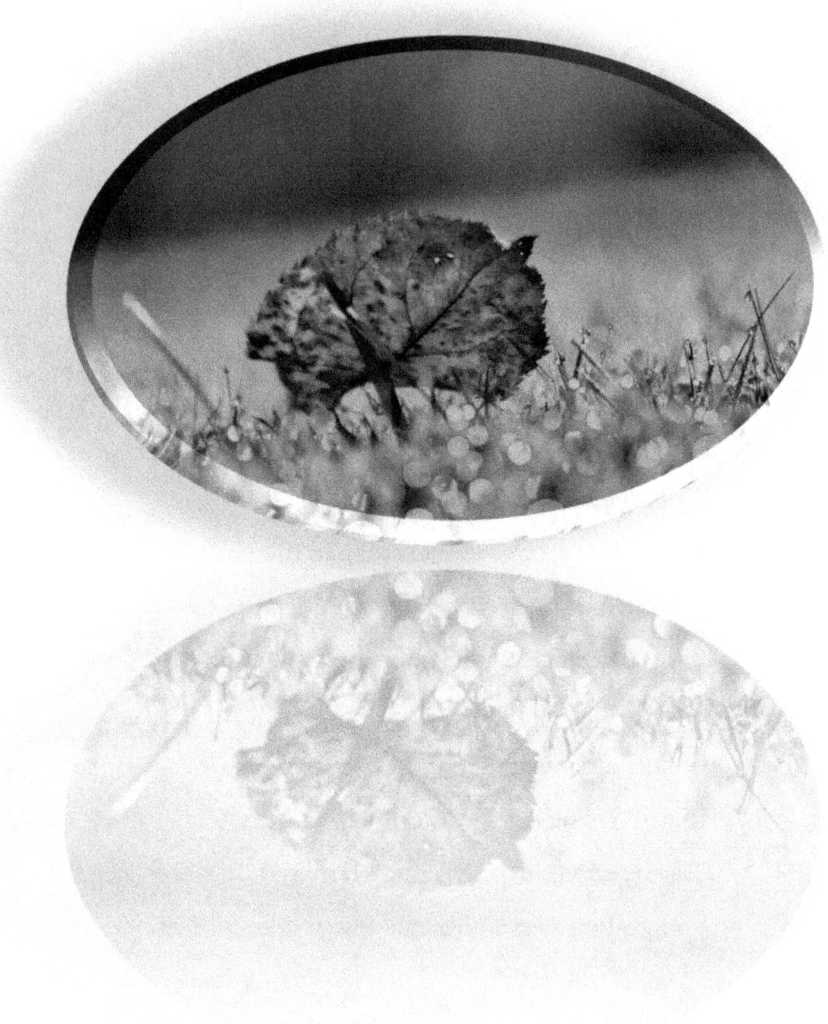

Ten Twój Świat...

Czemu Los tak trudny dałeś mi Panie –
Pytałam, krzyczałam, uciekać chciałam –
Dlaczegoś głuchy na moje wołanie
Czemu milczałeś, kiedy ja płakałam

I skąd na tym świecie Twoim zła tyle
Wszak mówisz, że wszystkim miłość swą dałeś
Gubią się dusze piękne jak motyle
Bo to właśnie im, bólu dokładałeś

O, jakże ciężko duszy w tym wymiarze
Gdzie królem przemoc, pieniądz i materia
Tak łatwo zgubić się w zła tym bezmiarze
Trochę kiepska ta Twoja reżyseria

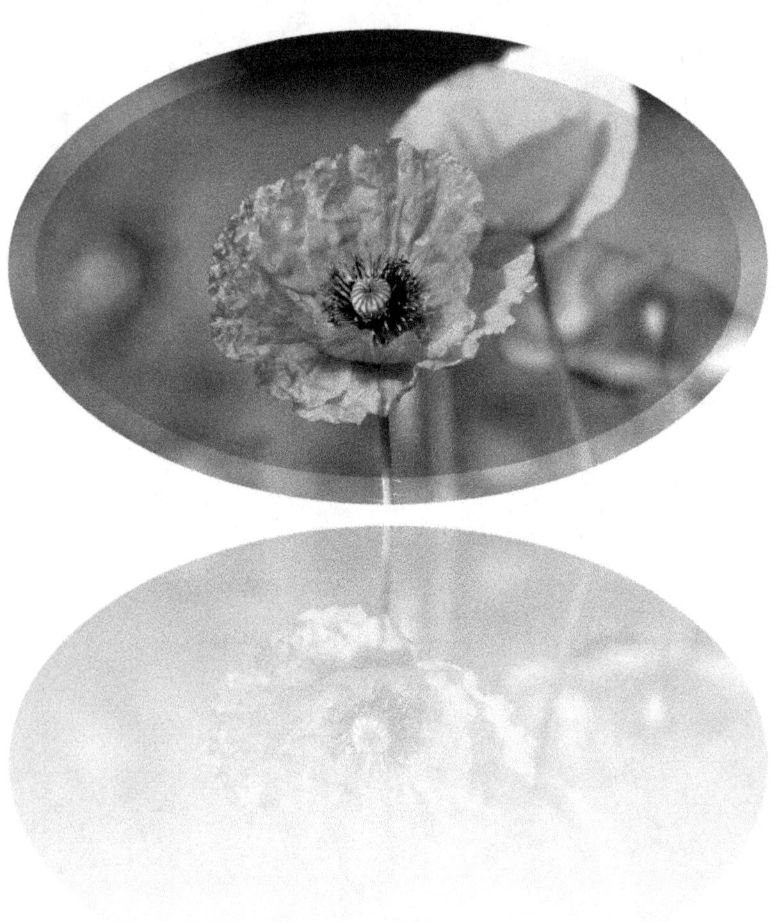

Miłość

Samotni są ci,

którzy nie zaprzyjaźnili się sami ze sobą.

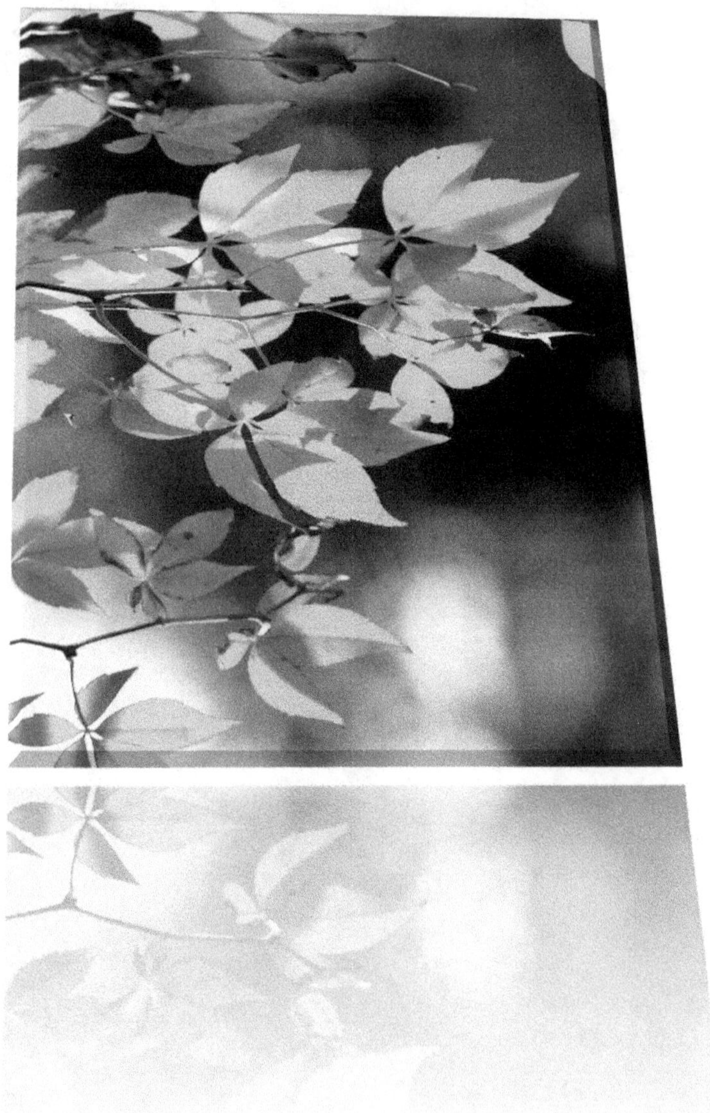

Historia Pewnej Miłości

Była zima, kiedy się poznali
Jakieś przyjęcie znajoma miała
On przyszedł sam, wszyscy go tu znali
Ją ktoś zaprosił, choć iść nie chciała

On ją wypatrzył zauroczony
Lecz ona tylko się uśmiechała
Jednak ten wieczór był roztańczony
Komplement dała, gdy odjeżdżała

Wiosna już przyszła, gdy randkowali
Miłość do Muzy ich połączyła
I przy herbacie się poznawali
Przyjaźń serdeczna też się zrodziła

I chociaż różnic było tak wiele
Bo z dwóch różnych planet pochodzili
Więź odnaleźli w złączonym ciele
I długie rozmowy prowadzili

Lato gorące, emocji pełne
Ognisko, wino, taniec, kochanie
Już słychać było dzwony weselne
Miłość ogromna i wielkie oddanie

Lecz przyszła jesień, smutna i trudna
Rozstania dusz złączonych nadszedł czas
Demona przeszłości twarz przybrudna
Anioła miłości przegnała w las

Lecz co raz jest miłością złączone
To nie pokona Demon Anioła
Choć w oddaleniu, dusze stęsknione
Swojej bliskości wciąż spragnione

On uczuć się boi, serce zamyka
A serce nie słucha, do niej się rwie
Ona mu serce ciągle odmyka
Demon tej więzi nigdy nie zerwi

Dwie dusze bliźniacze się spotkały
To jedna świadomość, choć życia dwa
Dwie dusze bardzo się pokochały
Przecież jedna drugą tak dobrze zna

Kiedyś Anioł Demona pokona
Miłości takiej nic nie zabije
Czy będą znów razem On i Ona
Wszak Los przewrotnie historie wije

Los

Czasem przewrotny Los humory ma
Bawi się losem ludzi
Nagle przecina ścieżki dwojga z nich
By serca ich obudzić

Dwa różne życia, dwa różne światy
Patrzą nieufnie jak psy
Coś ich przyciąga, coś pcha ku sobie
Choć wciąż pamiętają łzy

Kosmiczny chłopak i dziewczyna z gwiazd
W tym świecie się spotkali
On staroświecki, ona jak motyl
Jednak się pokochali

Los

Tyle ich dzieli i tyle łączy
Muzyka balsamem jest
Świat się zatrzymał, lecz ciągle pędzi
A oni wciąż zdają test

On się przygląda, ona ucieka
W kąciku chichocze Los
Wenera milczy, z uśmiechem tańczy
Miłości wyciąga trzos

Dwa różne życia, dwa różne światy
Los w jedność złączyć pragnie
Fortuna sprzyja, gałązkę daje
Bierzcie lub wrzućcie w ognie

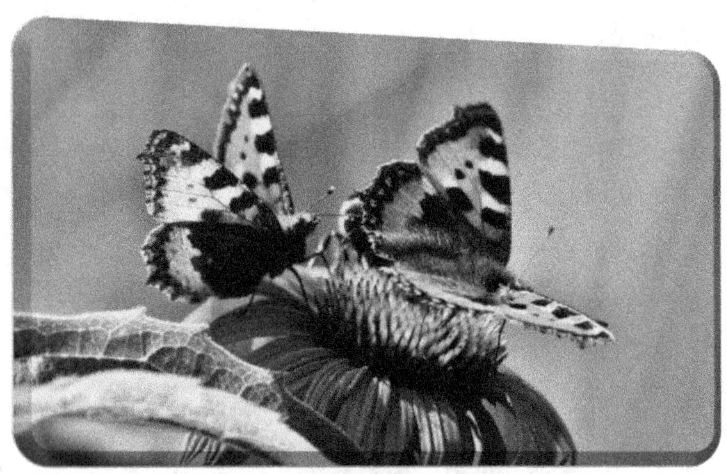

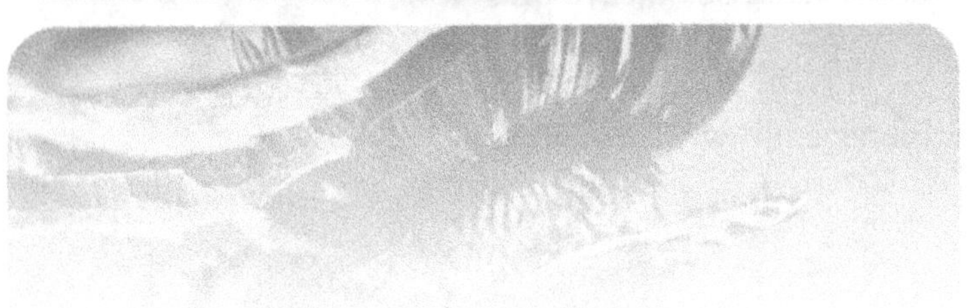

Ona

Słuchaj swojego serca. Swojej intuicji. Daj się prowadzić swojemu sercu. Nawet, jeśli prowadzi pod prąd, pod górę i przez burze. Ono zna drogę. Ono najlepiej wie, czego potrzebujesz. Wie, co jest dla Ciebie najlepsze. Tylko serce zaprowadzi Cię tam, gdzie masz dojść. Twoja intuicja, to szept twojego Anioła.

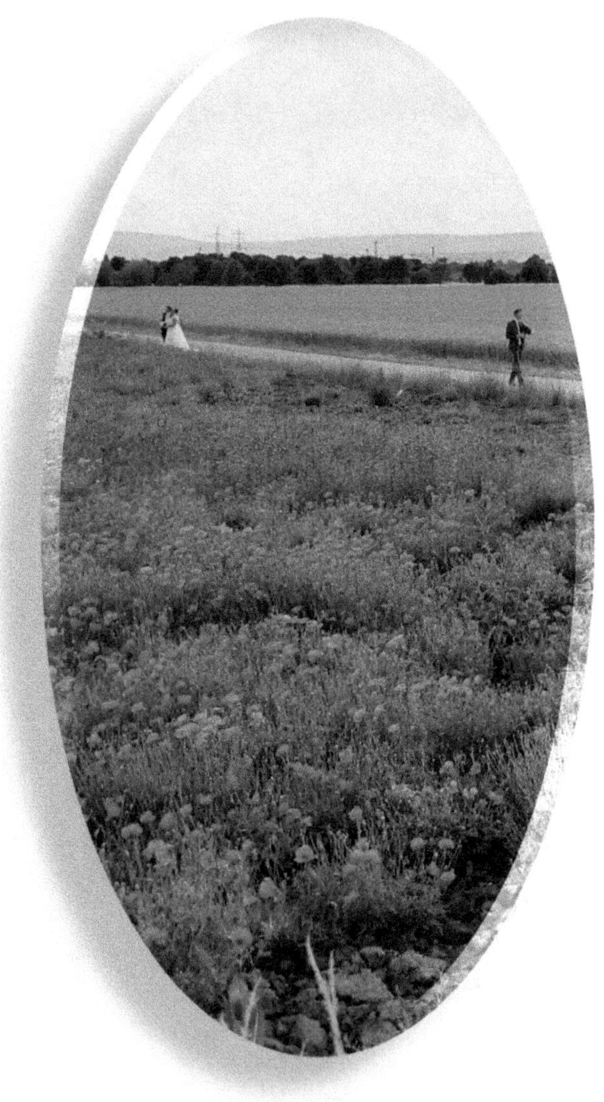

Wyznanie

Bo spośród wszystkich mężczyzn na świecie,
To Ciebie chłopaku mój wybrałam
Czekałam, aż Los przeszłość wymiecie
I to Ciebie miły pokochałam

Dajesz mi szczęście, wiele radości
To w Twych ramionach niebo poznałam
Nigdy nie skąpisz mi swej miłości
Teraz wiem - To na Ciebie czekałam

I choć czasem Los dni trudne daje
To zawsze wiem, że jesteś najdroższy
Myślę o Tobie, gdy słońce wstaje
I gdy mars na twej twarzy jest sroższy

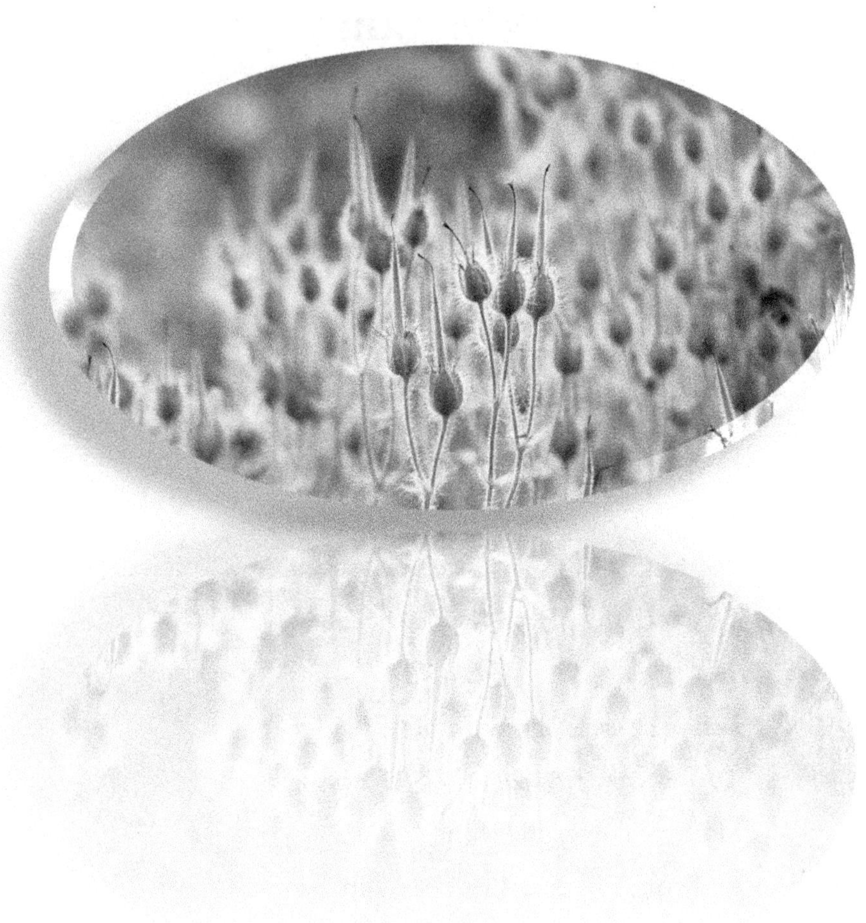

Wyznanie

Kocham Cię miły, ty mój chłopaku
Choć jesteś tak niepoukładany
Kocham Cię ty mój domowy ptaku
Choć takiś bardzo nieposprzątany

Pamiętasz? - Długo się przyglądałam
Teraz wiem - chcę u boku twego żyć
Pamiętasz? – Często uciekać chciałam
Teraz wiem, że żoną twoją chcę być

Inna niż Ty

Pytasz - czemu o przyszłości nie mówię
Pytasz - czemu przeszłości nie wspominam
Dziwisz się, gdy więcej niż ty rozumiem
Zły jesteś, gdy twe zasady naginam

Nie rozumiesz, gdy muzykę przeżywam
Nie pojmujesz, gdy z oczu mych płyną łzy
Patrzysz zdziwiony, gdy w swój świat odpływam
Kiedy się uśmiecham, widząc moje sny

Patrzysz zdumiony, gdy mówię - żyj chwilą
Kiedy powtarzam - to nasza chwila jest
Nie złe, a dobre słowo czas umila
A miłość jest jak leczniczy ptasi rdest

Czemu chcesz, bym jak inni ludzie była
Dlaczego w pudełku zamknąć pragniesz mnie
Chciałbyś bym w niewoli umysłu żyła
Porzuciła swą wolność i myśli me

Mój świat to dla ciebie sekretny ogród
Tajemnica i mur nie do przebicia
Uczucia chowasz, widzę logiki chłód
Rozum króluje, serce do zabicia

A życie to jest tylko chwila teraz
Nie ma przeszłości i nie ma przyszłości
Jest jak ten dziecka malowany obraz
Nasycony przez serc naszych miłości

Teraz Już Wiem

Gdy mnie ujrzałeś, to oszalałeś
Kiedy poznałeś, to oceniałeś
Nie rozumiałeś
Nie walczyłeś

Gdy mnie dostałeś, to pokochałeś
Kiedy kochałeś, krytykowałeś
Nie rozumiałeś
Nie walczyłeś

Gdy już mnie miałeś, kontrolowałeś
Zmieniać mnie chciałeś, choć sam wybrałeś
Nie rozumiałeś
Nie walczyłeś

Teraz Już Wiem

Mówiłeś kocham, kiedy się śmiałam
Wzrok odwracałeś, kiedy płakałam
Nie rozumiałeś
Nie walczyłeś

Mówiłeś kocham, gdy szczęście dawałam
Lecz odrzucałeś, kiedy cierpiałam
Nie rozumiałeś
Nie walczyłeś

Poszedłeś dalej i zostawiłeś
Nie rozmawiałeś, innych słuchałeś
Nie doceniłeś
I nie walczyłeś ...

Demony

Tak blisko jesteś, a tak daleko
Zamknięty w swojej logiki głowie
Przeszłości twej niedomknięte wieko
Próbują przemówić aniołowie

Tęsknisz, dusza się do mnie wyrywa
Lecz zimny rozum serca nie słucha
W myślach strach przed porażką wygrywa
Logika rechocze jak ropucha

Demony przeszłości wciąż wracają
Trują twą duszę, serce i głowę
To słowo – 'wybaczam' - odrzucają
Sprytnie wciągają w swą niecną zmowę

Demony

Tak blisko jestem, a tak daleko
Kochasz, lecz miłość zabić próbujesz
Uczucia chcesz schować pod plandeką
Lecz gdy mnie widzisz, dezerterujesz

Kiedy wybaczysz, przeszłość zrozumiesz
Otworzysz serce, zobaczysz więcej
Lęki przegonisz, spokój poczujesz,
Zapragniesz kochać jeszcze goręcej

Modlitwa

Ile jeszcze tych lekcji masz dla mnie, Panie
Wciąż gubię się w meandrach Twego myślenia
Pytam – Jakie masz jeszcze dla mnie zadanie
Ty milczysz... Jakbyś drwił z mojego cierpienia

Czemu nie mogę wrócić tam, skąd przychodzę
Tam, gdzie gwiazdy wołają mnie każdej nocy
Tam, gdzie mój dom prawdziwy i skąd pochodzę
Gdzie moje siostry, bracia błękitnoocy

Dałem Ci wolę wolną - mówisz z uśmiechem
Sam jesteś wioślarzem swej gondoli życia
Twe słowa Panie odbite pustym echem
Wszak to Twój, nie mój, scenariusz do uszycia

Modlitwa

Każesz miłować, choć tyle zła na świecie
Każesz wybaczać, lecz cierpienie zsyłasz wciąż
Plany me gmatwasz, warkoczem los mój pleciesz
Mówisz – Ucz się swej lekcji i do celu dąż

Im głośniej krzyczę, że nie chcę tych lekcji już
Tym więcej zadań do przerobienia dajesz
Przeszłość powraca i wbija w plecy swój nóż
Samotność boli, a ból w sercu zostaje

Zabierz mnie Panie do mych gwiazd skąd przychodzę
Zabierz do świata braci i sióstr aniołów
Jedno słowo i wreszcie powiem – Odchodzę
Tam, gdzie miłość czeka, gdzie nie ma popiołów

KATARZYNA NOWOCIN-KOWALCZYK

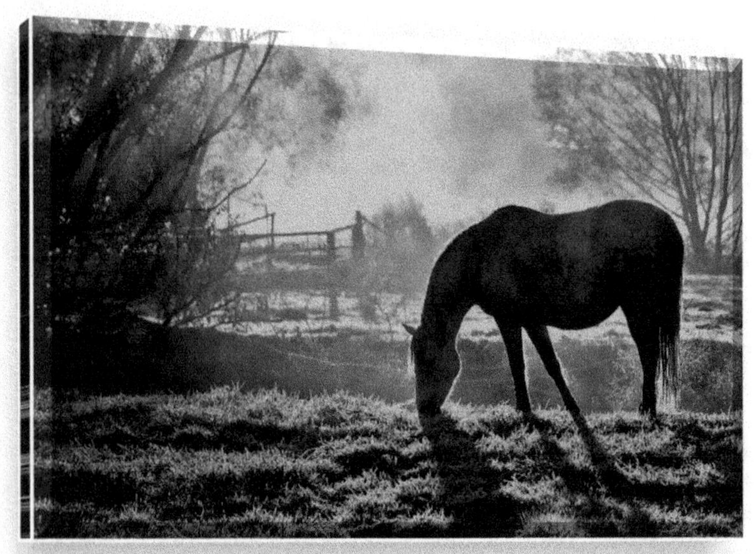

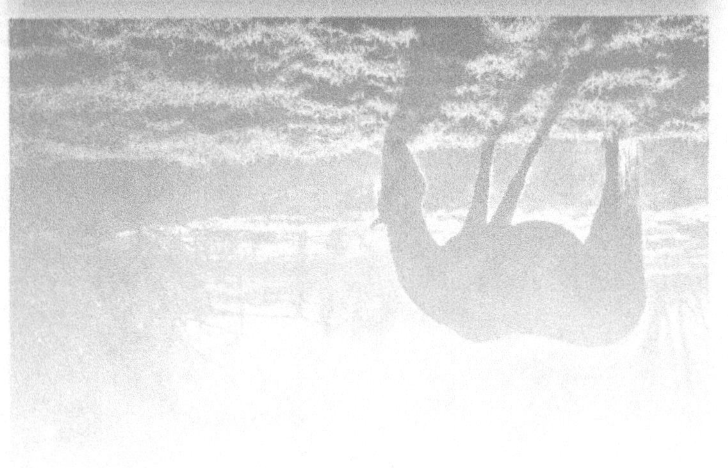

On

Miłość, którą wstrzymujesz,

jest bólem, którego doświadczasz.

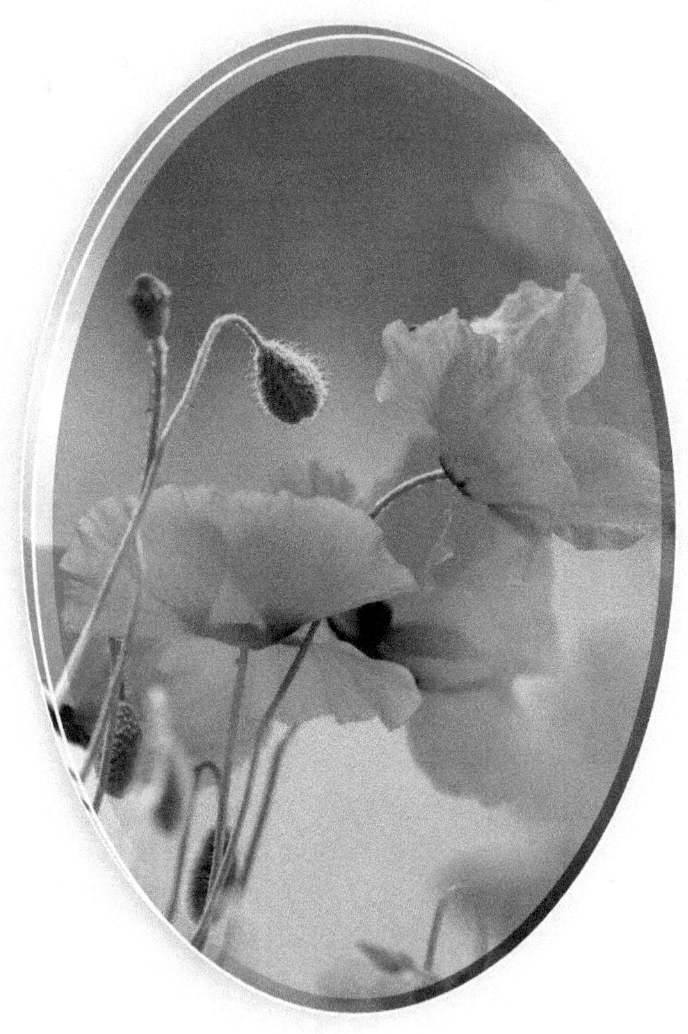

Dziewczyno...

Weszłaś w moje życie gwałtownie, jak ta letnia burza
Przychodziłaś, mamiłaś, milczeniem obiecywałaś
Przyciągałaś, nadzieję dawałaś, piękna jak róża
A gdy pewny swego byłem, z uśmiechem uciekałaś

Myśli me zabierałaś, pragnąłem Cię ponad wszystko
Pewien byłem, że się mną bawisz - ty mnie oswajałaś
Zgubiłem się w tej grze Anioła, myślałem - szachistko
Ty wciąż przyjeżdżałaś, patrząc w oczy - mnie poznawałaś

Kiedy nadzieję straciłem, odpuścić gotów byłem
Nagle zostałaś, kwiat uchyliłaś, do nieba wzięłaś
Ach jakże piękne te chwile, kiedy na nowo żyłem
Z Aniołem, ... szczęśliwy, kochany, ... Ty parol zagięłaś

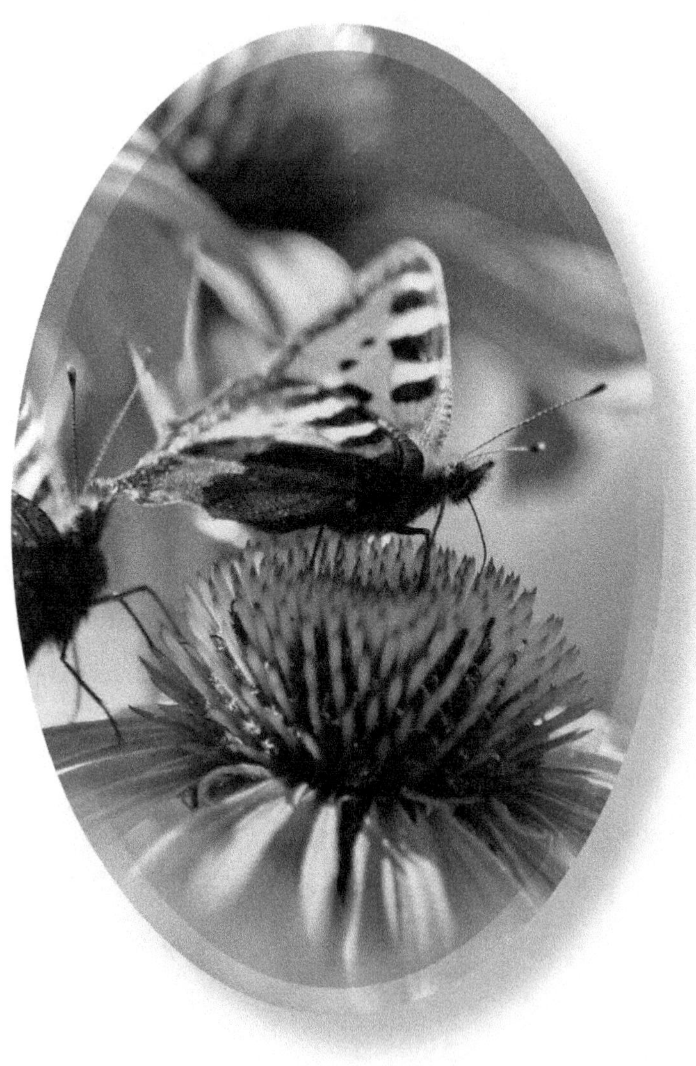

Dziewczyno...

Dałaś mi siłę, dałaś mi wiarę i dałaś miłość
Sprawiłaś, że królem byłem, mówiłaś - jesteś mądry
Szeptałaś - ciesz się chwilą, porzuć swój gniew i porzuć złość
Kochałaś sercem, a gdy pieściłaś - byłem bezbronny

Byłaś marzeniem, Aniołem, który zszedł do mnie z raju
Barwnym motylem, przepięknym kwiatem i wolnym ptakiem
Moją kapłanką otwierającą sekrety gaju
Świata mego królową - ja byłem tylko uczniakiem

Dzisiaj wciąż jesteś marzeniem i snem, dziewczyno moja
Z gwiazd przyszłaś, do gwiazd wróciłaś, lecz dalej jesteś ze mną
W mej głowie, duszy i sercu, wszędzie jest cząstka Twoja
I szept Twój – Kochany, me usta nigdy nie zapomną ...

Dziewczyno Moja Jedyna

Zostawiłem cię dziewczyno
I odejść ci pozwoliłem
Choć czułem, żeś tą jedyną
Chyba się bałem... stchórzyłem

Prosiłaś, bym walczył o nas
A ja głupi nie słuchałem
Wyrzuciłem Nas za nawias
Naszą szansę zmarnowałem

Teraz tęsknię dniem i nocą
Obraz Ciebie przed oczami
Myśli głowę mi druzgocą
Chciałbym uciec przed myślami

Dziewczyno Moja Jedyna

Wciąż pamiętam nasze chwile
I tę rozkosz, co mi dałaś
Chwile piękne jak motyle
Śmiech twój i łzy, gdy płakałaś

Twoja miłość taka czuła
Jakiej wcześniej nie zaznałem
Jakaś rana to zepsuła
Twojej miłości się bałem

Bezwarunkowo kochałaś
I śmiałaś się tak radośnie
Obiad dla mnie gotowałaś
W oczy patrzyłaś miłośnie

Choć teraz to zrozumiałem
Że krzywdę ci wyrządziłem
Siebie - nie Ciebie - się bałem
Przez głupotę cię straciłem

Nie walczę i wciąż uciekam
Zapomnieć ciebie próbuję
Kontaktu z tobą nie szukam
I sam siebie oszukuję

Bo gdy cię widzę dziewczyno
Radość mi serce przepełnia
Jesteś wciąż moją jedyną
Twa miłość duszę wypełnia

Chciałbym mieć ciebie przy sobie
Kochać się, tańczyć, rozmawiać
Chciałbym przeglądać się w tobie
Chciałbym najlepsze ci dawać

Lecz wciąż tyle strachu we mnie
I wątpliwości tak wiele
Ty wiesz, że kocham tajemnie
Bo tak już mają twardziele

Dziewczyno Moja Jedyna

Może swe lęki pokonam
Może swą przeszłość rozliczę
Dla ciebie czynów dokonam
Do ciebie kiedyś powrócę

Ale czy będziesz mnie chciała
Wszak mocno tak cię zraniłem
Czy wciąż miłość będziesz miała
Zaufanie twe straciłem

Jesteś Dziewczyno...

Znów cię wczoraj zobaczyłem
Znów serce mocniej zabiło
I znów się zauroczyłem
Lecz odwagi nie starczyło

Patrzyłaś w oczy z miłością
Uśmiechałaś się promiennie
Dotykałaś mnie z czułością
A twój szept brzmiał tak zbawiennie

Każdy dzień bez ciebie - pustka
Każda noc tęsknoty cała
Jakże chciałbym czuć twe ustka
I pieszczoty, dotyk ciała

Jesteś Dziewczyno...

Gdy jesteś obok dziewczyno
Czasu nie ma, zegar staje
Otaczasz mnie pajęczyną
Miłości, którą mi dajesz

Lecz odwagi wciąż brakuje
By zatrzymać cię przy sobie
Przeszłość - Dzisiaj mi rujnuje
Nie pozwala być przy tobie

Lęk nad miłością góruje
Lecz wiesz, że kocham, dziewczyno
Choć chaos w głowie panuje
Wiem, że jesteś tą Jedyną

Czego Chcesz

Tam, gdzie droga znika na zakręcie
Tam chcesz budować swoje szczęście
Szukasz miłości, lecz ją odrzucasz
Szukasz kobiety, lecz ją porzucasz

Czymże jest związek, kobieta pyta
Czymże jest miłość, co szybko znika
Czy zaufanie warte rozstania
Czy przyjaźń, bliskość warte zaniedbania

Kobieta, mężczyzna dwie skrajności
Tak bardzo złaknione swej bliskości
Kobieta mówi, mężczyzna słucha
Lecz słowa łatwo spadają z ucha

Czego Chcesz

Ona cię kocha, po twej stronie stoi
Choć głosu twego czasem się boi
Spokój jest kluczem, lecz walkę wybierasz
Kompromis odrzucasz, miłość zabierasz

Kobiety szukasz, miłości łakniesz
Mówisz, że kochasz, a zmieniać pragniesz
Dostajesz szczęście, lecz mu nie ufasz
I gdy jest dobrze, to wszystko cofasz

Miłość i przyjaźń, cenne wartości
Droższe od złota i złej dumności
Mądry je zbiera i pielęgnuje
Ślepiec się bawi, a potem żałuje

Żal

Podarowałaś mi Życie
Wzgardziłem
Podarowałaś Zdrowie
Odrzuciłem
Podarowałaś Przyjaźń
Nie Doceniłem

Ty mówić mnie uczyłaś
Ty Radość wyzwoliłaś
Ty Wolność pokazałaś
Moich smutków słuchałaś
Do nieba mnie zabrałaś

Ja konformizm wybrałem
Śmierć gloryfikowałem
Ciemność adorowałem
Niewoli hołdowałem
Serca nie słuchałem

Żal

Głową kalkulowałem
Czasu nie szanowałem
Swoim zdrowiem szastałem
Czym wdzięczność zapomniałem
Siebie oszukiwałem

Za materią goniłem
Ego swoje karmiłem
Talent dany trwoniłem
A miłość kupić chciałem
I o sobie myślałem

Ciemność mnie osaczyła
Pycha mnie oślepiła
Ma Pycha mnie zgubiła
Ma Pycha mnie zdradziła
Ciemność mnie zniewoliła

Króla na scenie grałem
Błyskotką otaczałem
Słów słowo zniekształcałem
Słów wagę fałszowałem
Słów kolor zniekształcałem

Niebo w piekło zmieniłem
Wdzięczności znać nie chciałem
Z Miłością wciąż walczyłem
Miłość wciąż przeganiałem
Na końcu sam zostałem

Żal łzami się zalewa
Nad Pychą ubolewa
Błyskotki niczym z chlewa
Drwią z mojej samotności
W twarz śmieją mej lichości

Żal

Ty znów rękę podajesz
I znów drogę wskazujesz
Serce ofiarowujesz
Uśmiechem życie dajesz
Słów tęczą świat malujesz

Zostań gwiezdna dziewczyno
Nie chcę w ciemności zginąć
Nie chcę z chwilą przeminąć
Chcę skrzydła swe rozwinąć
Po niebie chcę popłynąć

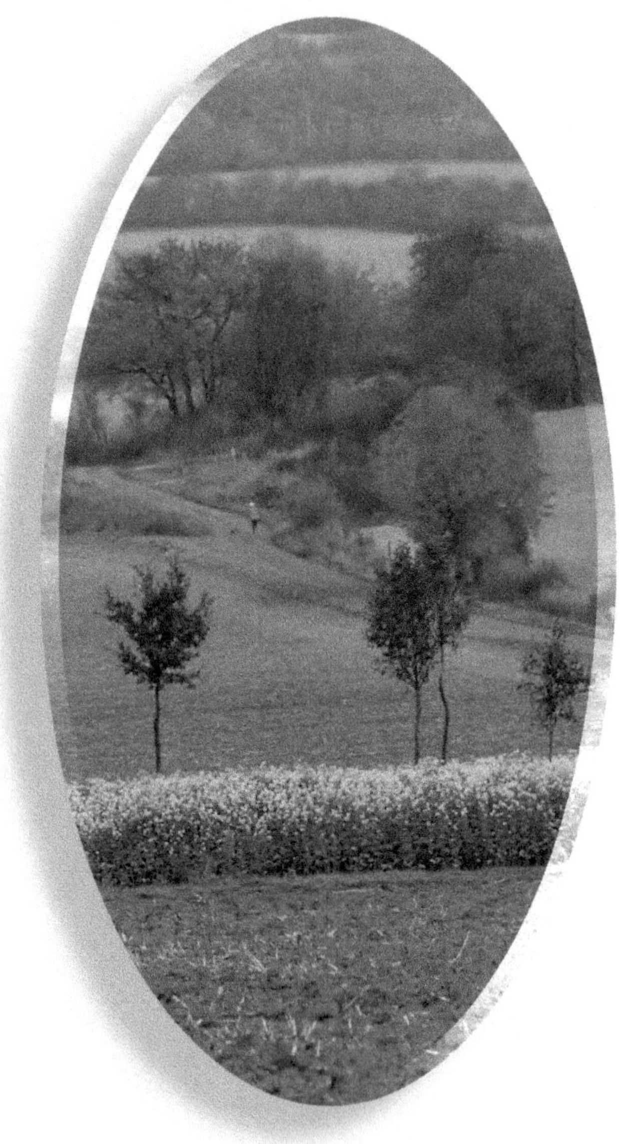

Życie jest Drogą…

JA MIŁOŚĆ

Jestem Drogą, Prawdą i Życiem.

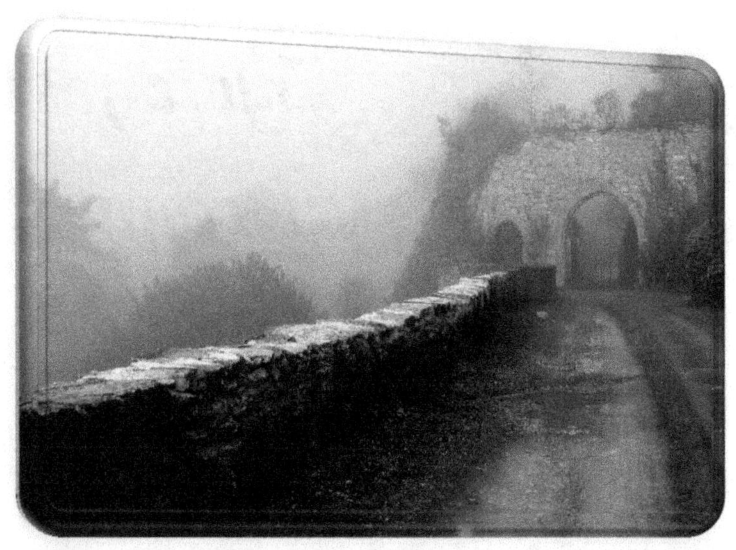

Aleksander

Jest to historia o dzielnym rycerzu
Co szedł przez życie odważnie i dumnie
Świat, na swym koniu zdobywał w pancerzu
Światem tym rządził mądrze i rozumnie

Cesarzem był, Aleksander go zwali
Mąż, który broni, ataki odpiera
Kraj swój kochał, wrogowie go się bali
Surowy był, łatwo życie zabierał

Pod ciemnym kapturem blond włosy skrywał
Znał swoją siłę, inni przed nim drżeli
Zwycięzcą był, tysiącom rozkazywał
W wielkim poważaniu wszyscy go mieli

Stanął na skarpie Aleksander dumny
Koń pod nim czarny, zbroja na nim czarna
Na armię patrzył umysł rozumny
Władza, moja władza totalitarna

Modrymi oczami na wojów spojrzał
I swoją potęgą się rozkoszował
Strach i poddańswo w ich postawie dojrzał
Władzą nad rządem dusz się delektował

Nagle Anioła jasnego zobaczył
Który pojawił się jak światła promień
Przed koniem stanął, blaskiem zauroczył
Koń kopytami uderzył o kamień

Kim jesteś i po co do mnie przychodzisz
Zapytał hardo, rozsierdzony nieco
Przeszkadzasz mi i konia mego straszysz
Zejdź z drogi mej, wyglądasz tak kobieco

Aleksander

Jestem Tobą w innym świecie i czasie
Jestem kobietą delikatną, czułą
Ja to Ty, a Ty to Ja, w różnym atłasie
Ja, przeniesiona energii kapsułą

Znam Cię... Poznaję... Lecz gdzie Twoja siła
Marnujesz potencjał, który Ci dałem
Spójrz na mnie... ma siła wodza zrodziła
Ty się poddajesz... Ja tchórzem nie byłem

Nie jestem tchórzem... Jestem by zrozumieć
Spotkać się z wcieleń poprzednich mądrością
Za dużo cierpienia, nie chcę już cierpieć
Chcę swoje życie wypełnić radością

Co było w przeszłości jest i w przyszłości
Zło, Dobro, które innym dawaliśmy
Jak dużo miłości i ile złości
Jak kochaliśmy czy wybaczaliśmy

Pokaż mi życie swoje, Aleksandrze
Pomóż zrozumieć, czego nie rozumiem
Chciałabym poddać życie twe cenzurze
I zmienić przyszłość, bo teraz nie umiem

Zgoda, możesz mi towarzyszyć, pytać
Duchem jesteś, konia nie potrzebujesz
Wracamy do zamku, czas odpoczywać
Obserwuj me życie, lecz nie krytykujesz

Kaptur zarzucił i konia zawrócił
Zdecydowanie widać w jego ruchach
Okiem nawet na Anioła nie rzucił
Wszak on jest panem, inni mają słuchać

Rycerzy orszak za swym panem dąży
Widać szacunek, respekt i strach duży
Gdzieś hen tam w górze, sokół króla krąży
Każdy z rycerzy swemu panu służy

Aleksander

Aleksander konia galopem bieży
Jeźdźcem jest przednim, duma z niego bije
Wie, że świat cały u stóp jego leży
Wrogów swych niszczy bez strachu, jak żmije

Do grodu dojechali królewskiego
Zamek warowny na wzgórzu się jawi
Poddanych tłum cesarza wita swego
On ten lud i krainę w świecie sławi

Nagle wychodzi z tłumu postać licha
Mężczyzna niski, ubogo ubrany
W wielkim jest strachu, czy pan go wysłucha
Czarny ma wąs i włos nieuczesany

Daruj mi życie, królu mój i panie
Dzieci mam piątkę i w połogu żonę
Na śmierć mnie skazałeś, usłysz szlochanie
Usłysz mą prośbę i weź w swą obronę

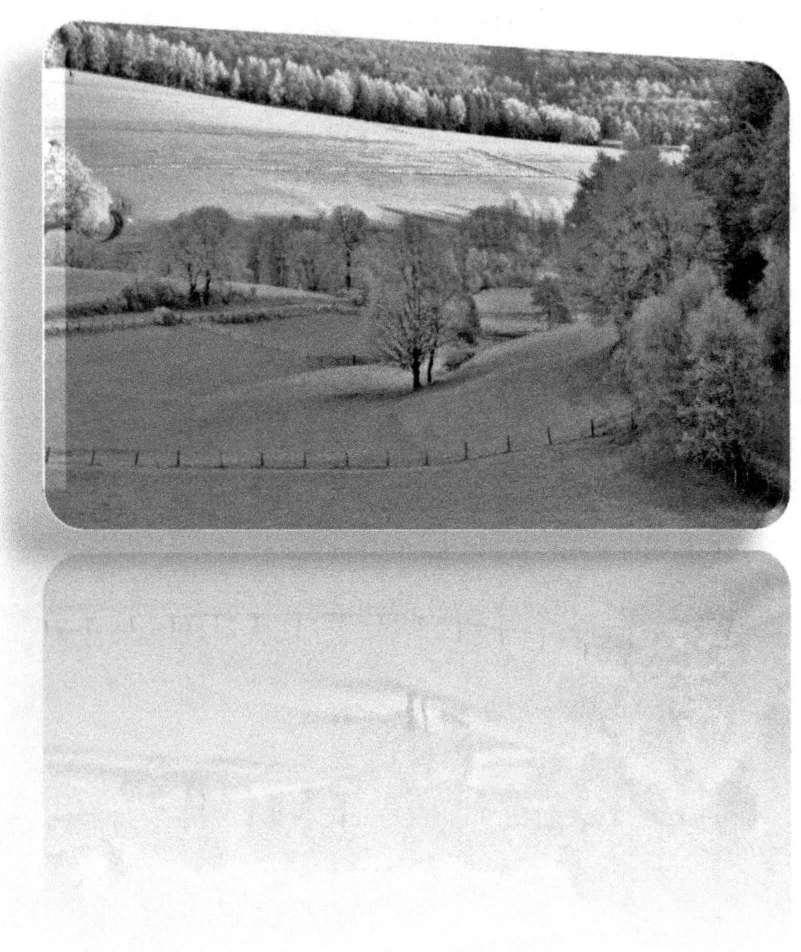

Król konia zatrzymał, wzrok jego zimny
Litości w nim nie ma, kara być musi
Za grzech twój śmierć toporem i do trumny
Nikt ciebie do grzechu przecież nie zmusił

Wiem panie, zgrzeszyłem, lecz grzech niewielki
Zamień mą karę i wolno puść do dom
Daruj mi życie i wybacz głupolki
Okaż swą łaskę, nie będę już zwadą

Młodzieniec z pogardą na sługę patrzył
Widział jak tamten w strachu trząsł się cały
Brzydził się strachem, swym wzrokiem go zmierzył
Empatii nie miał, - wszak to robak mały

I wtem Anioła głos usłyszał cichy
Znam tego człowieka z mojego czasu
Jest zimny, zawistny, na innych głuchy
Pełen nienawiści i złego kwasu

To ty go takim uczyniłeś królu
Zmień przyszłość i wybacz mu winy jego
Bo w tamtej duszy będzie ogrom bólu
Ta złość i agresja ducha chorego

On miłość udawał, me serce zranił
Za twą decyzję, przyszłość zapłaciła
Trzy miecze w sercu, miłością mnie mamił
Rana z przeszłości się nie zabliźniła

Co było w przeszłości jest i w przyszłości
Zło, Dobro, które innym dawaliśmy
Jak dużo miłości i ile złości
Jak kochaliśmy czy wybaczaliśmy

Ja jestem Tobą, a Ty mną wszak jesteś
Jedna świadomość w różnym czasie, ciele
Przyszłość rozlicza, za to jaki byłeś
Spotykasz tych ludzi i lekcji wiele

Wybacz mu dzisiaj, a swą przyszłość zmienisz
I on również człowiekiem innym będzie
Co dzisiaj wybaczysz, jutro doceni
Miłości jemu i tobie przybędzie

Aleksander na Anioła popatrzył
Pomyślał, nad słowem zadumał się jego
Poczuł swe serce, wzrok mu się wyostrzył
Serce widzi inaczej i mniej złego

Dobrze człowiecze, grzechy twe daruję
Odejdź do domu, naukę pamiętaj
Ja ci wybaczam, skruchę dziś przyjmuję
Zmień swoje jutro, przyszłości nie spętaj

To powiedziawszy, konia swego pognał
I choć na Anioła nie spojrzał wcale
Wiedział, rozumiał, że zmiany dokonał
Poczuł lekkość w sercu, czuł się wspaniale

KATARZYNA NOWOCIN-KOWALCZYK

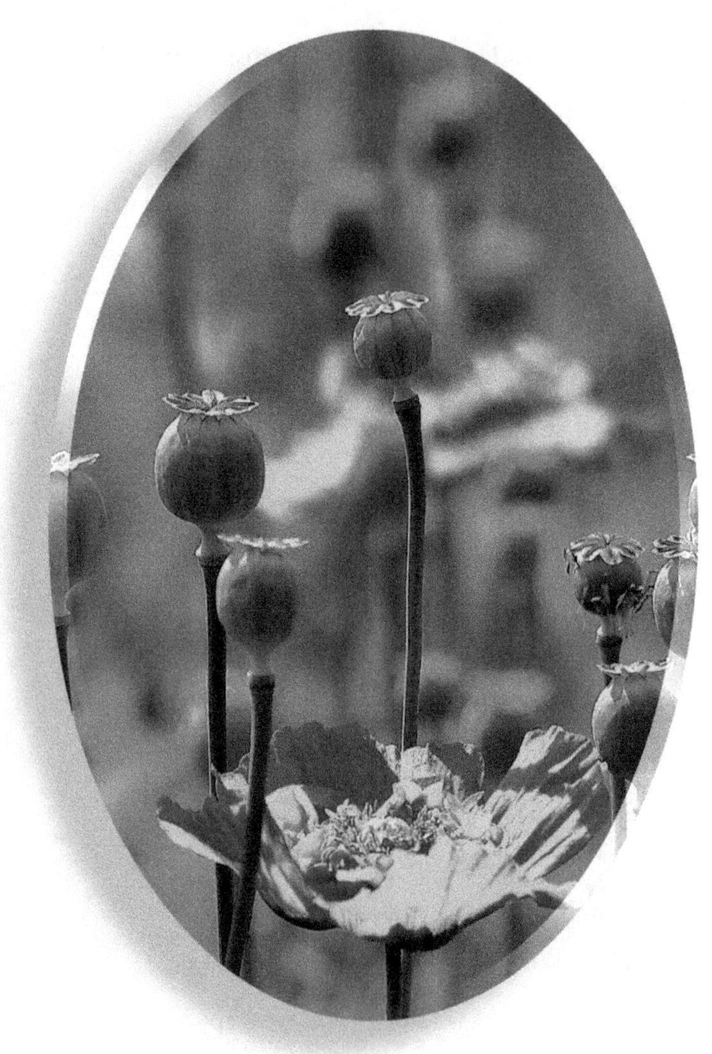

Wybaczanie, jakaż jest to potęga
Wybaczanie, spokój błogi przynosi
Zmienia przyszłość, a miłość niebios sięga
Miłość skały kruszy, góry przenosi

W mig do zamku na skale dojechali
Dwór to był piękny, choć z kamienia cały
Surowy, zimny, lecz domem go zwali
Marmury oko gości zachwycały

Prężnym krokiem korytarze król mijał
Znał dom swój, tu się urodził, wychował
Tu uczył się chodzić, rządzić, zabijać
I tu swoim chuciom czasem folgował

Ku Sali tronowej młodzieniec zmierzał
Doradcy jego już tam nań czekali
Wtem postać kobiety skuloną dojrzał
Doradcy przed tronem na baczność stali

Idź precz kobieto, nie przeszkadzaj teraz
Krzyknął, gdy tamta powiedzieć coś chciała
Zajęty jestem, naradę mam zaraz
Kobieta w kącie skuliła się cała

Do sali wkroczył, potęga zeń bije
Poddani pokłon królowi złożyli
Na tronie zasiadł, wzrokiem ich przybija
Oni głów podnieść się nie odważyli

Przemówił do nich głosem władczym, silnym
Rozkazy wydał, po czym mówić kazał
Krótko sprawy przedstawiać, w zamku skalnym
Bo czas jego cenny; pierwszego wskazał

Panowie zwięźle o kwestiach mówili
I różne tematy podejmowali
Królowi swemu się nie sprzeciwili
Jego surowość i bezwzględność znali

A kiedy skończyli, wyjść im nakazał
Sam jeden zostać chciał w Sali tronowej
Lecz sam nie był, Anioł znów się ukazał
On i Anioł w tej scenerii lodowej

Kim jest ta kobieta - Anioł zapytał
Głos jego łagodny, troskliwy, miły
Czemuś zachował się jak bandyta
Dlaczego twe słowa tak ją zraniły

I skąd ta agresja do kobiet Twoja
Wszak widać, że ona miłuje Ciebie
Twój lęk, to w przyszłości jest krzywda moja
Bo role się zmienią; dziś skrzywdzisz siebie

Nie szukam miłości, kochać nie umiem
Kobieta jest, aby przyjemność dawać
A miłości nie chcę i nie rozumiem
Jestem, by wyższym celom czoła stawiać

Twarde twe serce Aleksandrze drogi
Dziś ranisz, jutro sam zraniony będziesz
Ja tą kobietą; Los ukarał srogi
To, co dziś robisz, to jutro zdobędziesz

Ty kochać nie chcesz, a ja kochać pragnę
Tam, w moim czasie i świecie przyszłości
Kocham całą sobą, sercu ulegnę
Bo ja nie mam w sobie tej twojej złości

To ja płakać, jak ta kobieta będę
Moje uczucie do śmieci rzucone
Miłość moją ktoś weźmie za przybłędę
A moje serce zostanie zranione

Ja jestem Tobą, a Ty mną wszak jesteś
Jedna świadomość w różnym czasie, ciele
Przyszłość rozlicza, za to jaki byłeś
Spotykasz tych ludzi i lekcji wiele

Co było w przeszłości jest i w przyszłości
Zło, Dobro, które innym dawaliśmy
Jak dużo miłości i ile złości
Jak kochaliśmy czy wybaczaliśmy

Kiedyś kochałem, Los przewrotny bywa
Zabrał dziewczynę do świata innego
Smutek, tęsknota wciąż serce rozrywa
Łzy leją się u grobu kamiennego

Ja także kochanego utraciłam
Świat runął i długo w ciemności żyłam
Również tęskniłam i jak ten duch byłam
Kochać nie chciałam, ale nie raniłam

Potem mężczyznę spotkałam na drodze
Żyda, któremuś winy dziś darował
To on poranił me serce tak srodze
O miłości mówił i adorował

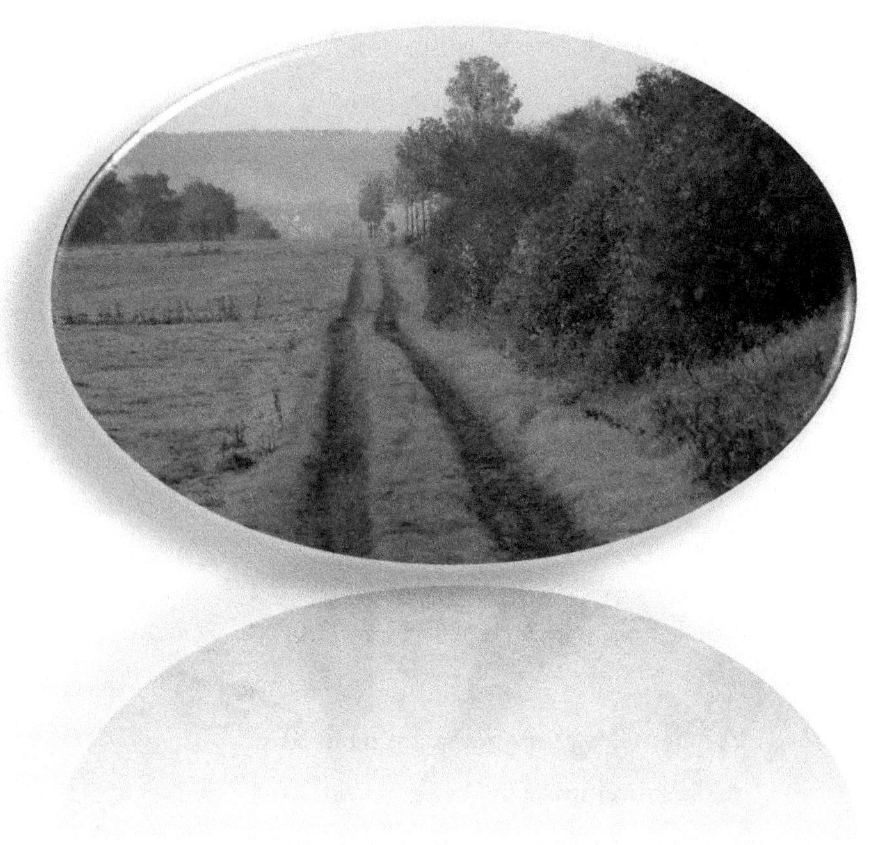

A potem trzy miecze w me serce wsadził
Bo bał się kochać, jak ty dzisiaj czynisz
Odrzucił mą miłość i miłość zdradził
Wszystkich obwiniał, jak ty dzisiaj winisz

Co było w przeszłości jest i w przyszłości
Zło, Dobro, które innym dawaliśmy
Jak dużo miłości i ile złości
Jak kochaliśmy czy wybaczaliśmy

Dobrześ uczynił, żeś grzech mu darował
Żeś jednym słowem duszę jego zmienił
Bo człowiek ten wiele naoszukiwał
Tak jak Ty dzisiaj, wiele zła uczynił

Zmieniłeś przyszłość, bo zmieniłeś siebie
Wszak tylko miłość jest kluczem do szczęścia
Kiedy wybaczysz, poczujesz się w niebie
Gdy złość nosisz, to w twym sercu pęknięcia

Gdy kochać nie umiesz i gniew góruje
Jeśli Ego przed tobą dumne kroczy
Wybaczać nie umiesz, duma bryluje
Kim jesteś? – Ślepcem..., a krew z serca broczy

Los wiele nam lekcji daje po drodze
Lecz od nas zależy, czy zrozumiemy
Potrafi ten Los doświadczyć nas srodze
Abyśmy widzieli, jak miłujemy

Wszystko przyczynę w tym życiu posiada
Chociaż często tego nie postrzegamy
Życie jest nauką, Los tak układa
Lecz wola jest nasza, my kreujemy

Nie szukaj winnych, nie obwiniaj zdarzeń
Jeśli chcesz zmiany, to zacznij od siebie
Nie bój się miłości, sięgaj swych marzeń
Sędzią nie bądź, bo Sędzia jest, hen w niebie

Aleksander

Aleksander słów Anioła wysłuchał
Z oczu jego łza jedna w dół spłynęła
Wiedział, że tę kobietę przecież kochał
Ranił ze strachu, lecz mgła już minęła

Wstał z tronu, do drzwi swe kroki skierował
Naukę zrozumiał, wiedział, co ma czynić
Nie walczył już..., już się nie biczował
Już się nie bał, wiedział, jak miłość cenić

Kobieta w korytarzu wciąż tam stała
Bo jej miłość większa niż duma była
Patrzyła sercem, dobrze króla znała
Serce widzi więcej, o tym mówiła

On nie rozumiał, gdy to powtarzała
Kiedy prosiła - otwórz serce swoje
Ileż miłości ta kobieta miała
A on ją odrzucił, jak stare zwoje

Nie płacz niewiasto i wybacz mi, proszę
Tak bardzo w bólu zagubiony byłem
Złość złym jest doradcą, już to rozumiem
W świecie nienawiści zbyt długo żyłem

Teraz rozumiem, jak sercem mym patrzeć
Wzrok i logika omylne bywają
Musiałem wybaczyć, by serce słyszeć
Wolny jestem, szczęśliwy, trąby grają

Podszedł, przytulił, potem wziął na ręce
I tak niósł ją przez zamku korytarze
Aniołowi swemu skinął w podzięce
Gdzieś w oddali muzyka na gitarze

Anioł uśmiechnął się delikatnie
On też przyszłość będzie miał teraz inną
Kiedyś spotkają się dwie dusze bratnie
I pokochają miłością niewinną

Co było w przeszłości jest i w przyszłości
Zło, Dobro, które innym dawaliśmy
Jak dużo miłości i ile złości
Jak kochaliśmy czy wybaczaliśmy

KATARZYNA NOWOCIN-KOWALCZYK

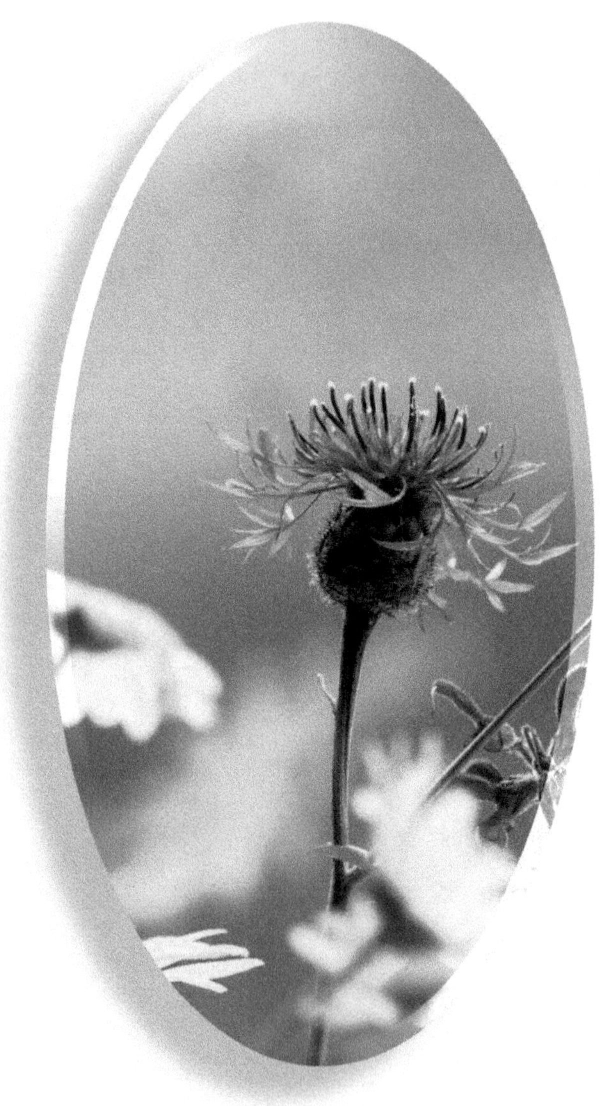

Anioł

Opowiem Ci historię o dziewczynie
Która w ludzi świecie się pogubiła
Opowiem historię o wielkim czynie
O wielkiej podróży, którą odbyła

Cóż niezwykłego jest w tejże ptaszynie
Zapytasz ciekawością prowadzony
Choć wiesz, że w losów ludzkich pajęczynie
Inny, często przez świat jest odrzucony

Człowiek tej ziemi, Aniołów wygląda
A braci swych wokół osądza srodze
Mrok wszędzie widzi i w niebo spogląda
Ślepcem jest, gdy Anioła spotka w drodze

I oto Anioł pomóc ludziom zechciał
Wszak światło Aniołów ciemność rozświetla
Z niebiańskiej krainy Anioł przyleciał
Nadziei pełen, że drogę oświetla

Postać dziewczyny Anioł przybrał pięknej
Dziewczyny drobnej, lecz silnej swą siłą
Niezwykle rozważnej, mądrej, ponętnej
Wolnej jak ptak biały, żyjącej chwilą

Anioł ten skrzydła ma wielkie i barwne
Skrzydła kolorem tęczy malowane
Co niosą wysoko, hen w niebo, śpiewnie
Mocne, silne, ciemnością niezdeptane

I sfrunął Anioł z wysokości nieba
Ciekawy wielce tego świata ludzi
Nadziei pełen i w służbie potrzeba
Ufny w swej wierze, że ludzi obudzi

Anioł

Bo droga miłością wszak jest i życiem
Chociaż tak wielu o tym zapomniało
Ciszą, spokojem, a nie wielkim krzykiem
Pogonią, by więcej materii się miało

Anioły drogę miłości wskazują
Jednak nie każdy ich głos chce usłyszeć
Mówią cichutko, bo wolność szanują
Pycha to demon, ten głos chce zakrzyczeć

Gęsto i ciasno było tu w tym świecie
Ograniczenia, kontrola, ocena
Rozglądał się Anioł po tej planecie
Uczył się chodzić jak mała syrena

Ufność dziewczyny, naiwnością zwano
Jej prawdomówność agresję rodziła
Uczciwość, do śmieci wyrzucić chciano
Szydzono, gdy o miłości mówiła

KATARZYNA NOWOCIN-KOWALCZYK

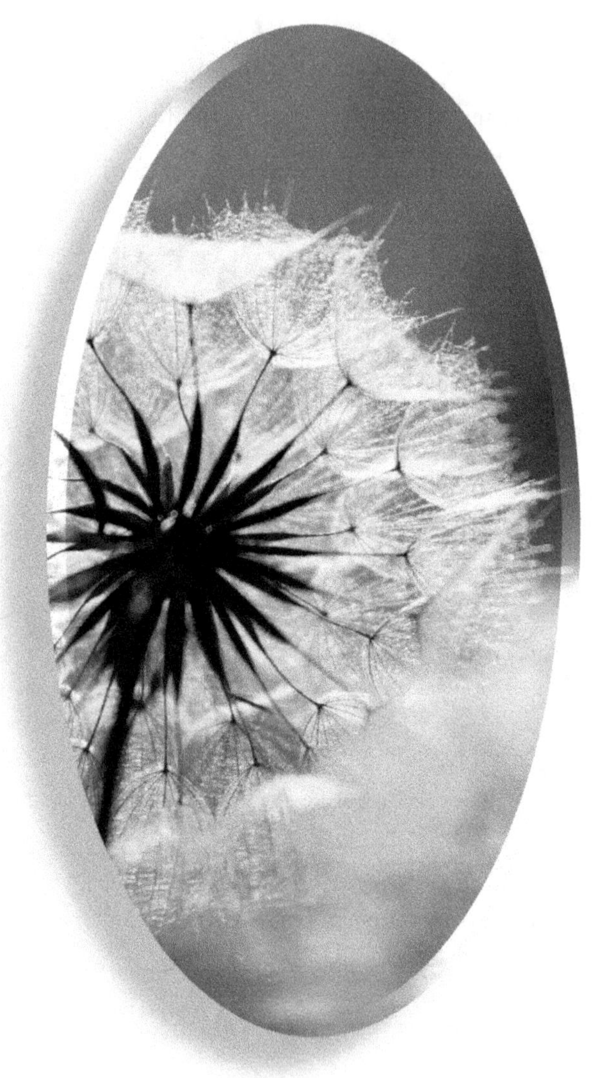

Anioł

Zdziwione dziewczę oczy otwierało
Nie rozumiało reguł tego świata
Niejedną burzę to dziewczę przetrwało
Niejedną ścianę rozwalić musiało

I kiedy człowieka Anioł spotyka
Zagubionego w tej ziemskiej podróży
W oczy spogląda i serca dotyka
A w ręku zawsze ma kwiat białej róży

Róża to delikatny kwiat miłości
Co czystość anielską symbolizuje
Róża symbolem jest doskonałości
Chociaż wrażliwa, w kolce obfituje

Natura różę w kolce uzbroiła
By bronić się mogła, przed ręką wrogą
Mądra Natura różę ochroniła
Kto różę chce zniszczyć, karę ma srogą

Lecz jakże łatwo zgubić się w tym świecie
Gdzie władcę Ciemności na tronie sadzono
Gdzie Strach króluje, wojna podział niesie
Gdzie zamiast Miłości, nienawiść czczono

Anioły Miłości są posłańcami
I dobrą nowinę ludziom przynoszą
Anioły Miłości są wysłańcami
Podają rękę, na skrzydłach unoszą

Lecz ludzie do krzyża Miłość przybili
I pod tym krzyżem modły swoje wznoszą
A Miłość z serc swoich precz przepędzili
Wojny o prawdy z wielką siłą toczą

Zbawiciela ludzie wciąż wyglądają
Który od ciemnej władzy ich wyzwoli
W odległe niebo ludzie spoglądają
Choć sami oddali się tej niewoli

Anioł

Miłość, Zbawicielem ludzie nazwali
Czekają aż przyjdzie, wolność przyniesie
W imię miłości braci zabijali
Uwierzyli, że brata śmierć, ich wzniesie

Pycha to demon jest najpotężniejszy
Ślepcem i głupcem człowieka uczyni
Pycha to piekieł sługa najwierniejszy
Słowami żongluje piekieł mistrzyni

Ciemności Książę słowami czaruje
Słowa przekręca, umysły omamia
Groźbami i słowem hipnotyzuje
Kłamstwo w umysłach z Prawdą utożsamia

A Miłość do krzyża z drewna przybita
Spogląda na ludzi z miłością w oczach
Lecz wszak dla wielu jest niczym banita
Gdy wzrok utkwiony na materii rzeczach

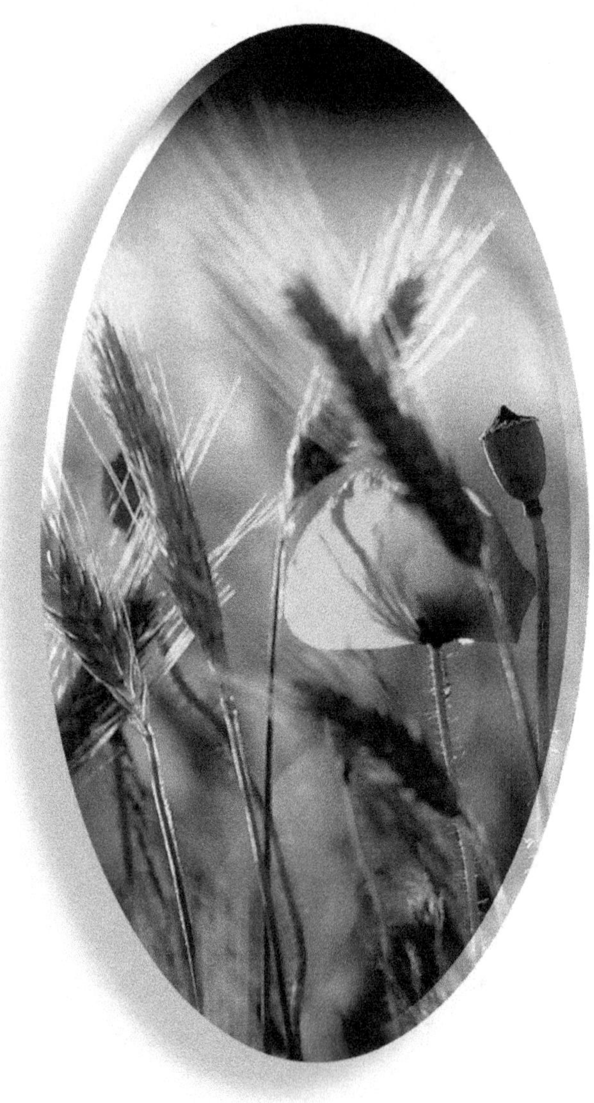

Anioł

Miłość Anioły do ludzi wysyła
By o miłości im przypomniały
Miłość Anioły z nieba ludziom zsyła
Aby Anioły serca otwierały

Ciemności Książę Aniołów też szuka
Bo zagrożeniem dla niego są wielkim
Anioła usunąć, w tym cała sztuka
Podstępem i złem, Książę działa wszelkim

Anioły Miłości wszak posłańcami
I dobrą nowinę ludziom przynoszą
Anioły Miłości są wysłańcami
Podają rękę, na skrzydłach unoszą

I kiedy Ciemność Anioła wypatrzy
Ciemności armią Anioła osacza
Jest przekonana, że Miłość przechytrzy
Manipulacja to ciężka jest praca

Posłańców Miłości w lochu zamyka
Gdzie z każdej strony ściana jest i krata
Skrzydła podcina, głuszy szmer strumyka
Srebrnikami kusi jako zapłata

Jednak Anioła przekupić się nie da
Sługi Ciemności też z niego nie zrobisz
W sercu Anioła jest miłości dioda
Anioła Światła w materii nie zgubisz

Ciemność próbuje sztuczkami różnymi
Podstępne zło do serc ludzi wślizguje
I słowami z pozoru nieważnymi
Umysł mami, głowę hipnotyzuje

Słowo zaklęciem jest, moc jego wielka
A Ciemny Książę kostiumów ma wiele
Kostium ubiera, słyszysz głos wróbelka
I zbiera swe żniwo w każdym kościele

Anioł

A ludzie o miłości rozprawiają
Chociaż z Miłości każdy jest zrodzony
Miłości na zewnątrz siebie szukają
Lecz gdy ją spotkają, drzwi zamykają

Nie jest łatwo Aniołem być w tym świecie
Bo Anioł Miłości jest wojownikiem
Ciemności Książę serca ludzi gniecie
Ciemności Książę jest świetnym magikiem

Dziewczyna z gwiazd, długą drogę przebyła
Serca budziła, drogi oświetlała
Innych wspierała, swą drogę zgubiła
Wiele burz przeszła, skrzydła połamała

W plecaku schowała te skrzydła swoje
I z tym plecakiem przez świat wędrowała
Przez góry wysokie, przez drogi wyboje
Mądrością przeszkody pokonywała

I chłopca kiedyś dziewczyna spotkała
Który miłości piękne słowa mówił
Serce dziewczyna mu ofiarowała
On różą białą tylko się zabawił

Nie docenił chłopak miłości danej
Na inne róże spoglądał z zachwytem
Przebierał, nie widział lekcji zadanej
Nie zastanawiał się nad swoim bytem

Chciał kontrolować dziewczynę i miłość
Nad wszystko przedkładał wygodę swoją
Lecz do miłości potrzebna dojrzałość
Bo to co dajesz, niebiosa podwoją

Serce chłopaka przez Ciemność dotknięte
Lecz piękną duszę dziewczę w nim widziało
Serce chłopaka w ciemności zamknięte
Dziewczę miłością serce uzdrawiało

Anioł

Lecz chłopiec nie chciał miłości dziewczyny
Choć miłość Anioła go uskrzydlała
Z inną różą ogłosił zaręczyny
Tą, która świat materii wychwalała

Brzękiem srebrników chłopiec się radował
Uwierzył, że królem jest tego świata
Uciechami piekła się rozkoszował
I Ciemności Księcia uznał za brata

Dziewczyna Anioł cicho zapłakała
A Ciemność nad nią skrzydła rozłożyła
Zmęczona dziewczyna zrezygnowała
Nie widziała, że mgła ją otoczyła

Drogę zgubiła, na pustynię doszła
Tam, gdzie życie wędrówkę swoją kończy
Umarła i przez życie swoje przeszła
A Ciemny Książę kusił, z burzą tańczył

KATARZYNA NOWOCIN-KOWALCZYK

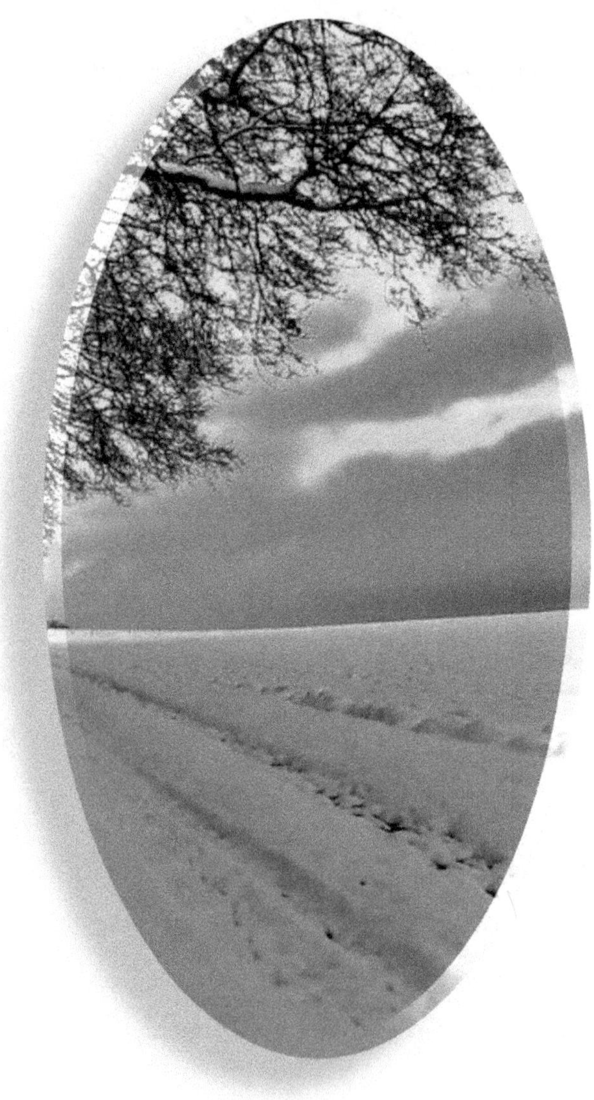

Anioł

Ciemności Książę obrazy przedstawiał
O jakże piękna była jego mowa
O jakże pięknie do złego namawiał
Anioły głuche na kuszenia słowa

Dziewczyna w piekle pustyni błądziła
Kim była i skąd przyszła, zapomniała
Sporo czasu na pustyni spędziła
I nie widziała dziewczyna, że spała

W gwieździste niebo co noc spoglądała
Łzy po anielskich policzkach spływały
Za domem tęskniła, domu szukała
A gwiazdy na niebie do niej mrugały

Kim jestem? – dziewczyna często pytała
I co ja tu robię w tym świecie dziwnym
Do domu drogę zgubiłam - płakała
Zostałam schwytana w gaju oliwnym

W piekle pustyni dziewczyna błądziła
O zimne kamienie się obijała
O domu w niebie dziewczyna marzyła
Miłości w piekle dziewczyna szukała

Ciemności książę kratą ją oddzielił
W podziemnej grocie Anioła zatrzasnął
W cmentarnej izbie łoże jej pościelił
Pilnował skrzętnie, aby Anioł zasnął

Żoną moją zostań, dziewczyno z nieba
Bogactwa moje do stóp Twoich rzucę
Na tronie siądziesz, niech służy miernota
Bogactwami materii Cię obrzucę

Dziewczyna Ciemności w oczy spojrzała
Nie było w niej strachu ziemskiego człeka
Choć ciemność w ciemności ciemnej ujrzała
Dziewczyna nad Ciemnością zapłakała

Anioł

Ta Ciemność w sercach wielu była ludzi
Co odrzucali świetliste Anioły
Bo brak miłości każde serce studzi
Zgliszcza zostawia i szare popioły

Ciemny Książę Anioła obserwował
Brylantem w pierścieniu dziewczynę kusił
Obietnicą i szantażem czarował
Za gardło ściskał i ciemnością dusił

I coraz większa złość się w nim zbierała
Bo choć kamienna była ta mogiła
Bo choć w ciemności piekła się błąkała
Bo chociaż w niewoli, Ona wolna była

Na pustyni martwej życie widziała
Uśmiechem swym kamień kruszyła twardy
Z kamieniami i z wiatrem rozmawiała
W ciszy muzyki słyszała akordy

A ciemną ciemność tęczą malowała
Serc dotykała miłości słowami
I duszy historie opowiadała
Miłość pisała wielkimi bukwami

Miłość Anioły do ludzi wysyła
By o miłości im przypomniały
Miłość Anioły z nieba ludziom zsyła
Aby Anioły serca otwierały

Dziewczyna w piekle pustyni zgubiona
Skąd przybyła i kim jest, zapomniała
Przez ludzi, kamieniami obrzucona
Chociaż w ciemności, miłością jaśniała

I kiedyś, gdy w niebo nocne patrzyła
Gdy nie widziała wokół drzwi wolności
W górę spojrzała, o pomoc prosiła
I to był moment niebiańskiej radości

Anioł

Piękną kobietę przed sobą ujrzała
Tańczący wiatr włosy jej blond rozwiewał
Sukienka też była niczym śnieg, biała
Gdzieś hen wysoko, biały ptak zaśpiewał

Najpierw silny profil jej zobaczyła
I wzrok gdzieś w dal odległą skierowany
Siła i duma w tej kobiecie była
Energią kobiecą respekt wzbudzany

Serce dziewczyny mocno przyspieszało
Kim jesteś? Kim jesteś? – gościa pytała
Coś bardzo ważnego się wydarzało
Spotkanie z kimś, kogo nie pamiętała

Kobieta wolno głowę odwróciła
W oczy dziewczyny surowo spojrzała
I nic nie mówiąc, tak wiele mówiła
Milcząc, gniewne słowa wypowiadała

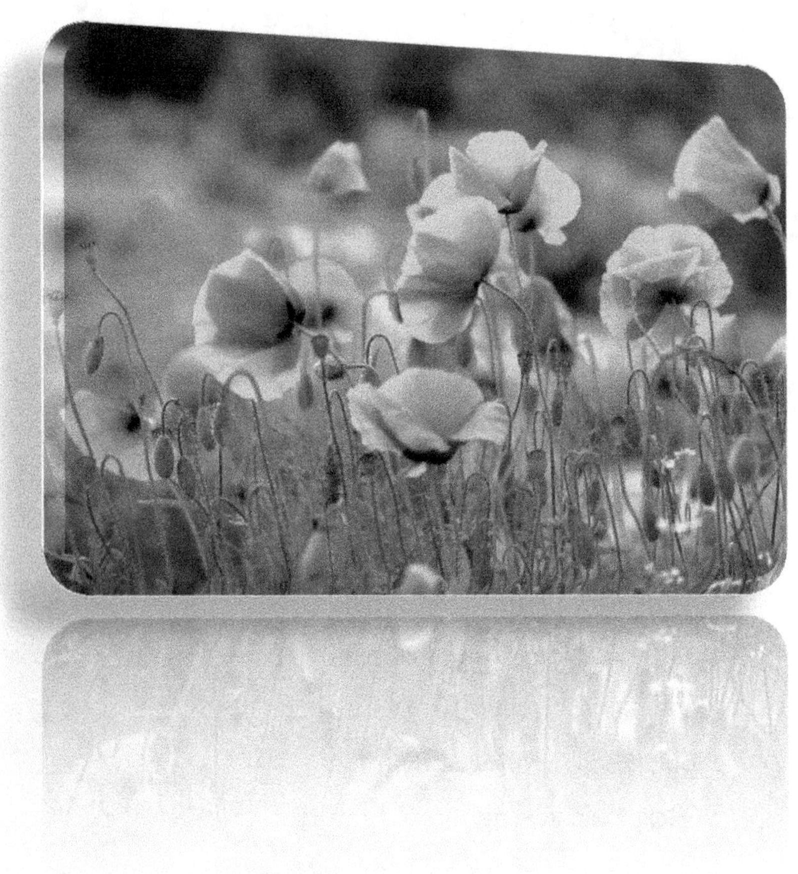

Anioł

Jestem Twoją mamą i matką mamy
Jestem Tobą; są te kobiety w Tobie
Obrazem tych kobiet przekazywanym
Moc wszystkich tych kobiet nosisz w sobie

Przypomnij sobie kim jesteś dziewczyno
Przypomnij sobie mądrość swoją i moc
Pamiętaj zawsze tę prawdę jedyną
Gdy siłę zgubisz, w sercu zapada noc

Z odległych Plejad na ziemię przybyłaś
By ludziom tej ziemi serca otwierać
By ludzi zrozumieć, drogę zgubiłaś
Lecz jestem tutaj, by twe łzy pozbierać

Siostry i bracia zawsze z Tobą byli
Samotność to sztuczka jest Ciemności
Światła rycerze wraz z tobą przybyli
I teraz nadszedł ważny czas jedności

Anioły Miłości są posłańcami
I dobrą nowinę ludziom przynoszą
Anioły Miłości są wysłańcami
Podają rękę, na skrzydłach unoszą

Zapłakała cicho gwiezdna dziewczyna
Po swoim więzieniu się rozejrzała
Szarości cienie, kamień, pajęczyna
Jestem Kobietą – z mocą powiedziała

Mam w sobie moc przez kobiety mi daną
Nie chcę w więzieniu żyć ani w niewoli
Niechaj ta chwila będzie wielką zmianą
Niechaj ma moc z ciemności mnie wyzwoli

Umarłam, życie swoje zobaczyłam
Nie chcę już więcej tej szarej sukienki
Do piekła zeszłam, piekło przemierzyłam
Teraz chcę tańczyć w rytm mojej piosenki

Anioł

Skrzydła moje wielkie, w niebo sięgają
Z kolorów nieba jest moja sukienka
Siostry i bracia gwiazdami mrugają
A ja chcę znów usłyszeć śpiew skowronka

Zza krat na Księcia dziewczyna spojrzała
Dziękuję ci za lekcję przyjacielu
Wdzięczności uśmiech mu podarowała
Lecz nie chcę już mieszkać w twoim hotelu

Wiem, że krat ciemności sam nie otworzysz
Bo taka wszak jest ciemności natura
Wiem, że rolą twoją jest ciemność tworzyć
Bo karłowata jest twoja postura

Lecz ludzie na ziemi twą twarz zobaczą
Fałszywe maski z twarzy pospadają
Gdy Prawdę zobaczą, ludzie zapłaczą
Zobaczą, komu pokłony składają

Umarłam, bo kim jestem zapomniałam
Ciemności twojej królestwo zwiedziłam
Dziękuję tej lekcji, bo zmartwychwstałam
W tej ciemnej ciemności się obudziłam

I w górę wzleciała Anioł dziewczyna
Anielskie skrzydła białe rozłożyła
I tu się historia nowa zaczyna
Historia wszak krąg wielki zatoczyła

Kiedy Anioły na świat ten przychodzą
To posłańcami są w służbie Miłości
Za jednym Aniołem następne schodzą
Anioły zawsze działają w jedności

Serc dotykają, serca otwierają
Niejeden okruch lodu z oka spływa
Anioły ludzi w ich drodze wspierają
Przed Aniołami Ciemność się rozpływa

Anioł

Wędrowcom w życiu drogę ich wskazują
Miłości płomień w sercach rozpalają
Na skrzydłach niosą, światło pokazują
Czym boska miłość, ludzi nauczają

Dziewczyna z gwiazd, braci z nieba spotkała
Oni też Ciemności w oczy spojrzeli
W ciemności piekła, kim jest, zapomniała
Oni podobne doświadczenia mieli

I teraz w jedności świat przemierzają
Za nimi coraz większy jest tłum ludzi
Miłości płomień w sercach rozpalają
Miłość miłością życie w ludziach budzi

Anioły Miłości są posłańcami
I dobrą nowinę ludziom przynoszą
Anioły Miłości są wysłańcami
Podają rękę, na skrzydłach unoszą

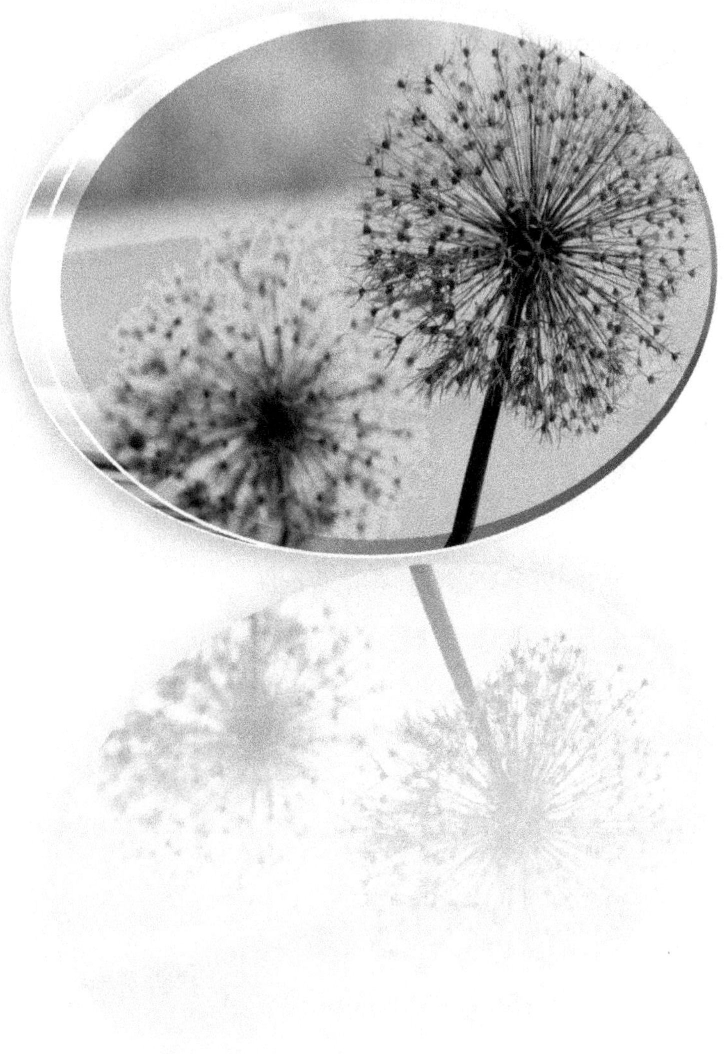

Anioł

Książę Ciemności siłę swoją stracił
Na nic się zdało Ciemności kuszenie
Ciemności Książę samotność zobaczył
Na nic się zdało jego zawodzenie

Zamknięty za kratą w izbie z kamienia
Tej, w której Anioła sam kiedyś więził
Sam siebie skazał na te potępienia
Z tronu spadł, w swym mroku siebie uwięził

I tylko kwiat róży białej zatrzymał
Aby Anioła mu przypominała
Piękną dziewczynę z gwiazd Książę wspominał
Dziewczynę, która serca otwierała

Książę w swojej ciemności był uwięziony
Zniknęły maski i drogie kostiumy
Pozostał tylko starzec pogarbiony
Już nie otaczały go fanów tłumy

Bo ludzie na Ziemi Miłość wybrali
Z krzyża drewnianego tę Miłość zdjęli
I za Miłością ludzie podążali
Sercu zaufali, Miłość pojęli

Anioły Miłości są posłańcami
I dobrą nowinę ludziom przynoszą
Anioły Miłości są wysłańcami
Podają rękę, na skrzydłach unoszą

I chłopca kiedyś dziewczyna spotkała
Ten chłopiec mężczyzną był i Aniołem
Uśmiechem dziewczyna obdarowała
On w oczy jej spojrzał z otwartym czołem

I drogę jedną w tym świecie wybrali
Bo droga podróżą jest i wyborem
Z domu w Plejadach już wcześniej się znali
Bo droga życia, wielu dróg jest zbiorem

Anioł

Skrzydła rozłożyli, świat przemierzyli
A we Wszechświecie światów jest tak wiele
Wszędzie, gdzie byli, Miłości służyli
Nieśli ze sobą tęczy akwarele

Anioły Miłości są posłańcami
I dobrą nowinę ludziom przynoszą
Anioły Miłości są wysłańcami
Podają rękę, na skrzydłach unoszą

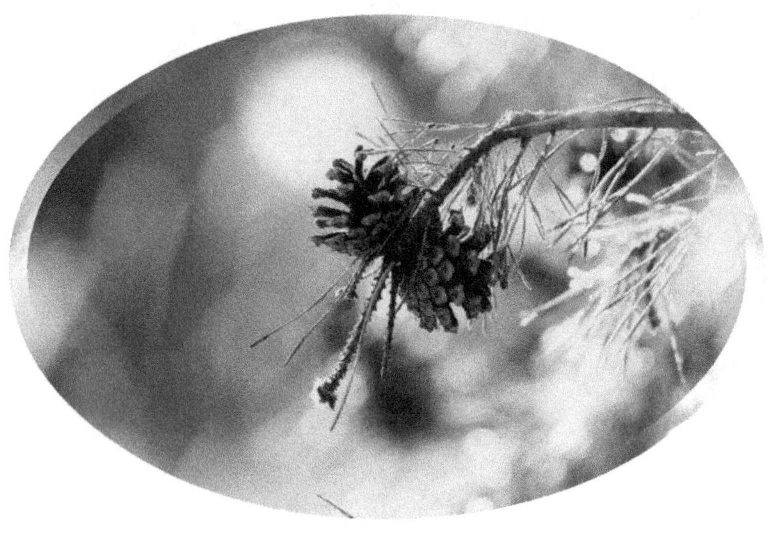

Bracia

Dwóch braci w jednej godzinie zrodzonych
Śmiałe marzenia o potędze miało
Dwóch braci do wielkich czynów stworzonych
W tę prawdę wierzyło, świat zdobyć chciało

Jednakże natura przewrotną bywa
Ciałem mikrym braci obdarowała
Ale od chęci odwagi nie przybywa
Lecz spryt i umysł tęgi w zamian dała

A bracia jak jeden organizm byli
W odstępie kwadransów trzech na świat przyszli
I choć temperamentem się różnili
Choć łobuzowali, na ludzi wyszli

Młodszy spokojny, rodzinę założył
Z mądrą kobietą związał swe życie
Starszy bał się kobiet, singlem został
On mózgiem był, o władzy marzył skrycie

Cała młodość to czas trudny dla kraju
A bracia wielkie ideały mieli
Nie wierzyli w gadanie baju, baju
Mówcami byli i kraj zmieniać chcieli

Do buntowników władzy przystąpili
W zaciszu domu rady im dawali
Że wybrańcami są, święcie wierzyli
Walczyli głową, prawo dobrze znali

I przyszła pora, gdy 'Sprawdzam' Los rzucił
Młodszego, na rok zła władza zabrała
Operacją 'Klon' Ubek go pochwycił
Całą opozycję Żmija zżerała

Bracia

Starszego na przesłuchanie wezwali
Kapitan pisemną notkę sporządził
Lecz do więzienia Brata nie zabrali
Ważny nie był... uznali, że pobłądził

Nie docenili ambicji Starszego
A on się uczył, fundament budował
Gdy nastał czas, postawił na Młodszego
Brat był mu wszystkim, więc go honorował

Polityką wielu głupków się para
Lecz tylko wielcy los ten wygrywają
Kandydatów jest zawsze tłumów chmara
Chociaż nieliczni egzamin ten zdają

Bracia wiedzieli, jak używać sprytu
A w polityce to wielka jest sprawa
Cel osiągnęli, doznali zaszczytu
Górę zdobyli i dostali brawa

Bracia

Jednak po drodze trupów co niemiara
A i porażek smak gorzki poznali
I zawsze razem, strategia i wiara
Wrogów tępili, pochlebców trzymali

Lecz wiele sukcesów, Buta okrasza
Z Pogardą dla innych, za rękę kroczy
Los wtedy chichocze, Diabeł zaprasza
Pogarda i Buta umysł zamroczy

Lot do sąsiadów, Brat Starszy wydumał
By uroczystość blasku im dodała
Młodszego wysłał, sam ziemi się trzymał
Lecz ta decyzja, życie mu złamała

Samolot jak kamień na ziemię runął
Młodszy decyzji podjąć nie potrafił
Samolot ze złamanym skrzydłem sfrunął
Sto żyć pogrzebał, na brzozę natrafił

Choć Starszy żyw, to umarł razem z bratem
Ta myśl - gdyby decyzja inna była
Ach, jak trudno pożegnać się z kamratem
Inna decyzja i radość by żyła

Rozpacz wielka i za Bratem tęsknota
Winnego znaleźć i ukarać trzeba
Bo uśmierciła mi Brata hołota
Niech spadnie na nich grom z jasnego nieba

Kolega w teoriach spiskowych sprawny
Niech znajdzie winnych i ukarze srodze
Raporty wyrzuci, to śmieć niestrawny
Bójcie się wrogowie... Ja już nadchodzę

Nienawiść umysł Brata opętała
Z Bólu powstała, w Tęsknocie dojrzała
Ambicja władzy tylko się wzmagała
A Władza, umysł Brata rozpalała

Kraj to za mało dla ambicji Brata
A kraj podzielił na tych Dobrych i Złych
Rządzi krajem mały autokrata
Kontynent podzielił na Naszych i Ich

Za oceanem sprzymierzeńców szuka
Na kontynencie nikt słuchać Go nie chce
Wierzy, że w Białym Domku coś wystuka
A klakier wkoło, Ego Brata łechce

Gdy władzę dostał, Dobrą Zmianę głosił
Lecz czy ta Zmiana dobrze jest nazwana
Konstytucję zhańbił, sędziów okosił
Kler góruje, opozycja pozwana

Rozdawnictwem kasy wielce się wsławił
Tak jak w poprzednim systemie się działo
I z którym walczył, teraz go odnowił
Stworzył kraj, w którym jest, jak kiedyś bywało

Media publiczne goebbelsowską tubą
Inny kolega wie, jak to uczynić
A wierni pochlebcy są Jego chlubą
Kolega wie, jak w puszczy chuliganić

Koleżanka premie bogate daje
Brat miernotami wiernymi otacza
Dumnie powtarza, że kraj z kolan wstaje
Historia ze śmiechem koło zatacza

I tylko z kobietami Brat przegrywa
A bronią ich, czarne są parasolki
Kobieta i czerń, sen mu z powiek zrywa
Demon odżywa, przegranej symbolki

Choroba mikre ciało Brata trawi
Głos już jest nie ten i siła nie tęga
Kobieta wciąż zagrożeniem się jawi
Brat to wie, że Kobieta, to potęga

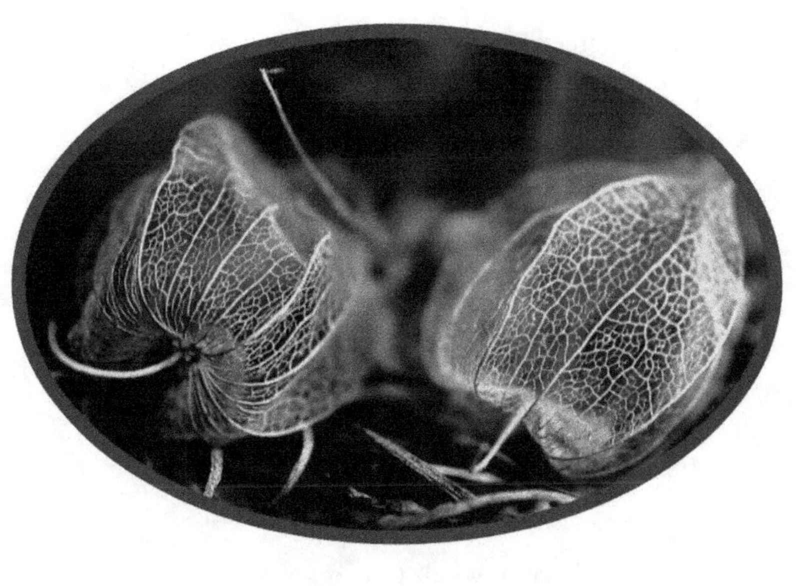

Unika więc konfrontacji z Kobietą
Bo zawsze przegrywa na każdym polu
Kobieta to Siła, a Brat ascetą
I nie osiągnie tego Akropolu

Chociaż Młodszego tyle lat już nie ma
To pamięć o Nim, jak ten kwiat świeża
Starszego przy życiu smak Zemsty trzyma
A Zemsta wielka, wysoka jak wieża

Choroba przeszkadza Ambicjom wielkim
Mierni klakierzy na schedę już dybią
I ta Nienawiść w roli trucicielki
Klakierzy daną im władzą się żywią

I tylko czasem myśl zgubiona przemknie
Czy cena władzy, warta tego była
Charon się jawi, gdy w swej łodzi klęknie
Obolem płacisz, podróż się odbyła

Bracia

Dwóch braci w jednej godzinie zrodzonych
Śmiałe marzenia o potędze miało
Dwóch braci do wielkich czynów stworzonych
W swą prawdę wierzyło i tak się stało

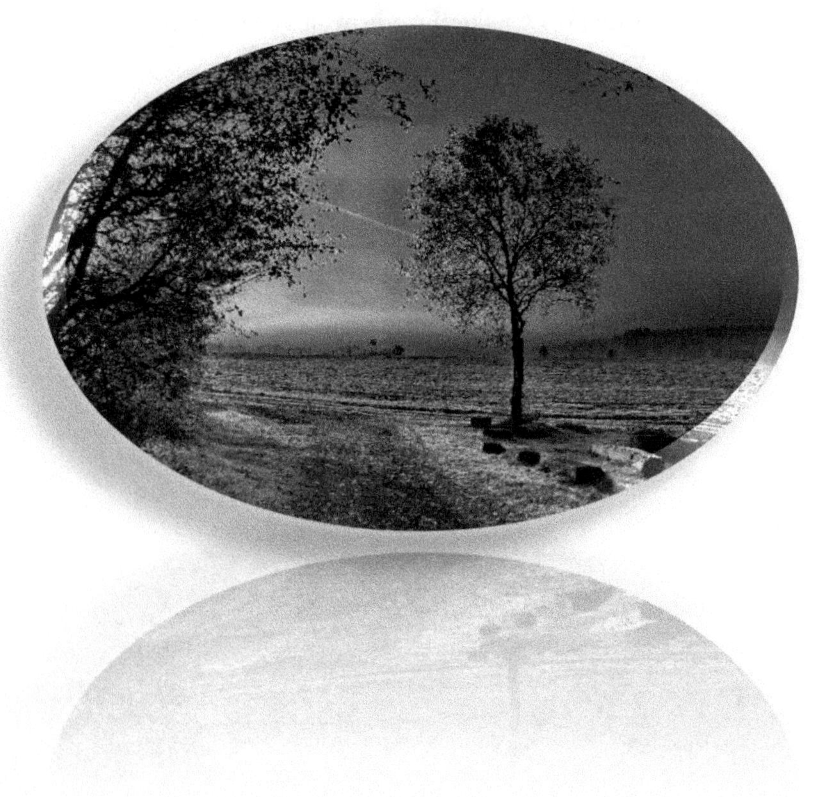

Harcerz z Zamościa

Pewien Harcerzyk z Zamościa
Ze strachem swoim się zmagał
I nie mógł znaleźć zeń wyjścia
Więc Stwórcę o pomoc błagał

Lecz nawet, gdy z Bogiem gadał
Kamień się w gardle sadowił
Kamieniem, Strach się objawiał
Harcerz 'wszystko jedno', mówił

Myśli nieskładnie swe składał
Choć przecież wiedzę miał wielką
Strach słowa okrągłe zjadał
Bo Strach ten był stręczycielką

I choć mądrzejszy od wielu
I choć silniejszy niż myślał
Gubił się w drodze do celu
Bo sam sobie, wszak nie ufał

Usłyszał Bóg głos Harcerza
I pomóc mu postanowił
Przepędzić z niego szalbierza
I jak pomyślał, tak zrobił

Anioła na drodze stawił
By drogę chłopcu pokazał
Z labiryntu wyprowadził
Zło obnażył, Źródło wskazał

Chłopiec zachwycił dziewczyną
Ślub przed oczami się jawił
Nie słuchał, co jest przyczyną
Że Zły, tak się nim zabawił

Harcerz z Zamościa

Dziewczyna 'stop', powiedziała
Mężczyzny Ja chcę, nie chłopca
Twoja dusza jest zbolała
Masz ją uzdrowić do lipca

Masz się miłości nauczyć
Doceniać przyjaźń Ci daną
Strach, z serca swego wyrzucić
Przyjąć tę miłość podaną

Strach to narzędzie jest Złego
Który Twą postać przybiera
Kłamstwem wdziera od małego
Kostium zakładasz i umierasz

W głęboki letarg zapadasz
Grasz role w teatrze jakimś
Z miłości siebie okradasz
Aktorem żeś, byle jakim

Gdy się strachowi oddajesz
To miłości 'precz' iść każesz
Ty sam, swym Strachem się stajesz
Nie ufasz, swe serce wiążesz

Kontrola, Złego jest bronią
Strachem zniewala i walczy
Stajesz się ciemności studnią
Echem wydzwaniasz hymn chwalczy

Kobieta partnera szuka
Odpowiedzialność jest kluczem
Strach, Miłości nie usłucha
Strach odpowie strachu puczem

Miłość wszak od Boga dana
Wolnością jest i wyborem
Przez Strach często okradana
Lecz to Miłość jest motorem

Miłość zawsze drogę wskaże
Tam, gdzie dojść masz poprowadzi
Lecz nie szukaj na agorze
W ciszy serca się gromadzi

Miłość Strachowi nie kłania
To Strach Miłości się boi
Kamienie do wykasłania
Miłość twe serce ukoi

Gdy Miłości drzwi otworzysz
Gdy kontroli 'precz' iść każesz
Kiedy w serce swoje wejrzysz
Wtedy Strach wszelki wymażesz

Chłopiec mężczyzną się stanie
Harcerza mundurek zrzuci
Pomyśli – Hej, Kapitanie!
Czas w nową podróż wyruszyć

Harcerz zamyślał przez chwilę
W Anioła oczy spoglądał
Zobaczył żółte żonkile
Zaufał, Miłości poddał

I kiedy tylko pomyślał
Decyzję swą ukorzenił
W jednej chwili wydoroślał
Harcerz w mężczyznę się zmienił

Teraz ster w moich jest rękach
Nikt już nie mówi, co robić
Płynę przy Miłości dźwiękach
Nie chcę już drogi swej zgubić

Z Aniołem, co u boku stoi
Kobieta Miłości uczy
Kobieta Miłością poi
Strach już nigdy nie dokuczy

Harcerz z Zamościa

Strach tego życia jest pożogą
Mego szczęścia gilotyną
Miłość jest Wolności drogą
Miłość jest Prawdą jedyną

Harcerz przed Strachem swym trwożył
Czekał na innych rozkazy
Mężczyzna to obraz boży
Sam formułuje wyrazy

Podaj mi rękę dziewczyno
Bądź moją nauczycielką
Bądź w sercu moim jedyną
Miłości strun stroicielką

I pokłon kobiecie złożył
Bo Mądrość kobiety wielka
Obrączkę na palec włożył
Miłości to nosicielka

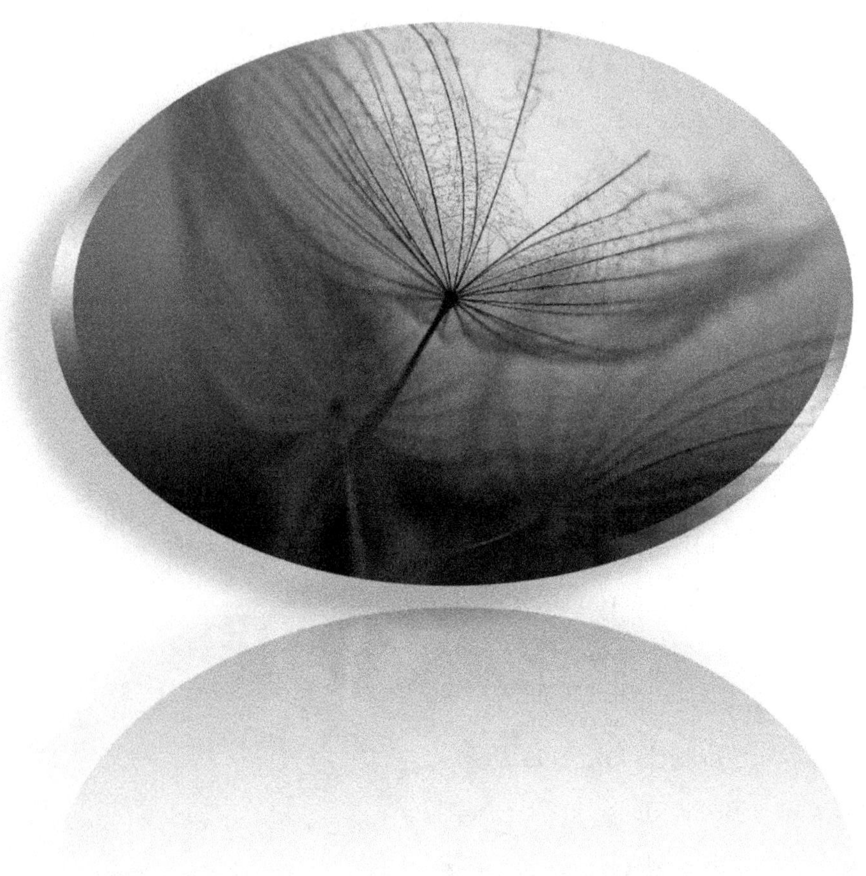

Muzyk Doskonały

Pewien muzyk doskonały
Talent wielki i wspaniały
Przywiązany do gitary
Mówił sobie – Jestem stary

Wielka scena się marzyła
Ale się nie przydarzyła
Proza talent roztrwoniła
I z kariery mej zadrwiła

Siły nie mam by zaczynać
Na kanapie wolę drzemać
Wnuczce czasem coś pośpiewać
Stare hity poodświeżać

Kiedyś Anioł zstąpił z nieba
Dziewczę ostre jak ta śruba
Muzykowi dała chleba
Bo wyglądał jak ameba

Hej! Muzyku doskonały
Czemuś taki zramolały
Czemuś taki okapcały
Czemuś cały tak zgnuśniały

Swe marzenia pogrzebałeś
Bo sam tak zdecydowałeś
Bo niewiarą się okryłeś
W siebie sam nie uwierzyłeś

Kiedy Bóg talenty daje
Zwrotu swego oczekuje
On talentów nie sprzedaje
On je ludziom darowuje

Muzyk Doskonały

Masz muzykę pisać swoją
Bo muzyka Twą ostoją
Muza słowem się przystroją
Słowo z muzą się dostroją

Ale jakże mam to zrobić
Kiedy smutki lubię topić
Kiedy wolę siebie gnębić
Narzekania się ucapić

Ech! Muzyku doskonały
Talent twój jest tak wspaniały
Przywiązanyś do gitary
Nie mów sobie, żeś jest stary

Wielka scena gdzieś tam czeka
Droga do niej niedaleka
Jak powiadał mistrz Seneka
Dusza siłą jest człowieka

Graj chłopaku swoją muzę
Twoje lęki szybko zburzę
Nutki Twoje też odkurzę
Smutki z czoła też rozchmurzę

I posłuchał muzyk stary
Wrócił wnet do swej gitary
Lęki zmienił na zapały
I nie było w nim niewiary

Tworzył we dnie, tworzył w nocy
Pełen wiary, pełen mocy
Już nie straszni pustoocy
Skończył kiedyś o północy

Zasnął w końcu zasłużenie
Śnił o wielkiej swej arenie
Anioł przykrył swym ramieniem
Należy ci się wytchnienie

Muzyk Doskonały

Poleciała w świat muzyka
Pokochała ją publika
I śpiewała Ameryka
Piękna była to liryka

Anioł tylko się uśmiechał -
Gdybyś marzeń swych zaniechał
Gdybyś ciągle tak się strachał
To byś teraz w domu szlochał

Warto chwytać swe marzenia
One nie są do trwonienia
One nie są do smucenia
Marzenia są do tworzenia

KATARZYNA NOWOCIN-KOWALCZYK

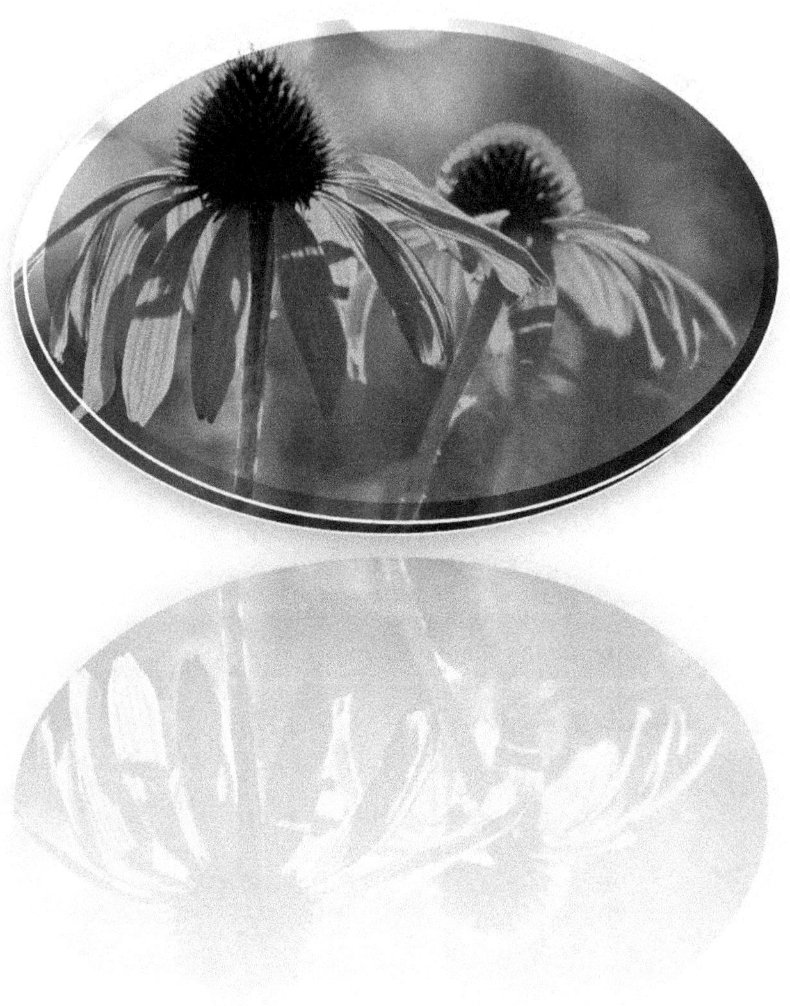

Malarz

Był malarz
co w kolorach się lubował
tęczy kolory ukochał
i tęczą obraz malował

Był malarz
co kobiety duszę widział
kobietę barwą ubierał
kobiety piękno uwieczniał

Był malarz
który chwile życia chwytał
momenty życia malował
życiem żył i życie kochał

Był ojciec
synom swym świat pokazywał
mądrości synów nauczał
miłością ojca otulał

Był przyjaciel
chociaż dla wielu wszak to brat
lojalnością do serc trafiał
zaufaniem serca budził

Był mężczyzna
który miłość ofiarował
serce miłości otworzył
smak gorzki miłości zaznał

Był człowiek
pełen ludzkich namiętności
pędzlem świat duszy malował
między światami szybował

Malarz

Był…

został obraz nieskończony

rozmowa nagle przerwana

muza w obrazie zamknięta

Hej, Malarzu…

myśli mnóstwo głowa rodzi

to przecież nie tak być miało

odszedłeś za szybko, Malarzu…

Pamięci Marka, Wrzesień 2022

Kiedy Odszedłeś...

Kiedy odszedłeś, z hukiem runął świat
Łez nie było, bo umarłam z tobą
Nic nie widziałam zza bólu mych krat
Już nie było nas, nie byłam sobą

Kiedy odszedłeś, została pustka
Nie chciałam żyć, biec za tobą chciałam
Ale potrzebna była przepustka
Nie miałam... żyć też już nie umiałam

I kiedyś przyszedłeś do mnie we śnie
Za rękę prowadziłeś przez ogród
Przed tym domem spojrzałeś miłośnie
Rzekłeś - Żyj kochanie, miej szczęścia w bród

Kiedy Odszedłeś...

Ja dla nas domu już nie zbuduję
Lecz ty żyć musisz, córkę wychować
Swego tchórzostwa bardzo żałuję
Będę przy tobie zawsze stróżować

Tyle lat minęło, wciąż cię czuję
Ból mniejszy, tęsknota ciągle wielka
Żyję... nad szczęściem swoim pracuję
Chociaż śmierć wabi jak kusicielka

Codziennie imię twoje wymawiam
Choć sama nie wiem, ile już razy
Każdego dnia z tobą wciąż rozmawiam
Widzę twą twarz w córki naszej twarzy

Kiedyś w jednym świecie się spotkamy
Kiedyś znów weźmiemy się za ręce
Kiedyś znów po lesie pobiegamy
Szczęśliwi odpoczniemy na łące

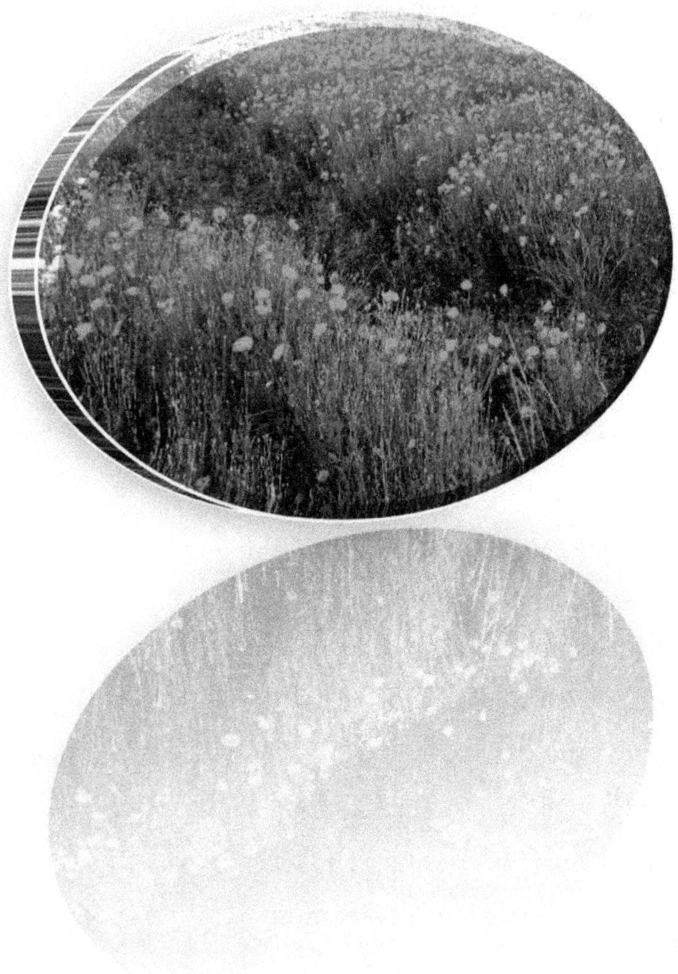

Dla Ciebie Mamo

Był czas, kiedy mnie nie rozumiałaś
Był czas, kiedy mnie odrzucałaś
Był czas, kiedy mnie oceniałaś
Lecz wiem, że zawsze mnie kochałaś

Był czas, kiedy Cię nie rozumiałam
Był czas, kiedy Cię odrzucałam
Był czas, kiedy Cię oceniałam
Lecz wiesz, że zawsze Cię kochałam

Trudny czas burzami wypełniony
Trudny czas dramatem zacieniony
Trudny czas słowami trwoniony
Koszmarny sen we śnie zgubiony

Słowa dobre niewypowiedziane
Słowa dobre gdzieś zapodziane
Słowa dobre złymi odziane
Uczucia nieopowiedziane

Chwile niedoceniane stokrotnie
Chwile stracone bezpowrotnie
Chwile oddane wszak bezzwrotnie
Dobry czas stracony sromotnie

Trudne lekcje doświadczeniem były
Trudne lekcje drogę przebyły
Trudne lekcje mądrość zdobyły
Lekcje, miłości nauczyły

I przyszedł czas, że Cię zrozumiałam
Czas, kiedy już nie oceniałam
Czas, kiedy już nie krzyczałam
Czas, kiedy siebie pokochałam

Dziękuję za te lekcje zdobyte
Dziękuję za drogi przebyte
Dziękuję za prawdy odkryte
I za doświadczenie nabyte

Bardzo Cię kocham, Mamo…

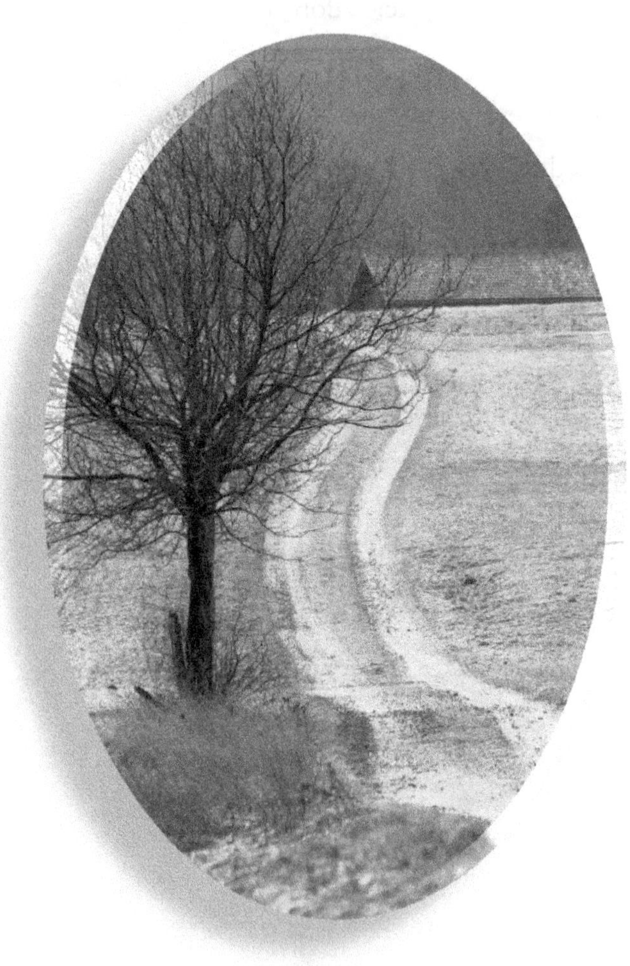

Po prostu Życie…

Człowiek szczęśliwy nie goni za miłością.

Człowiek szczęśliwy jest miłością.

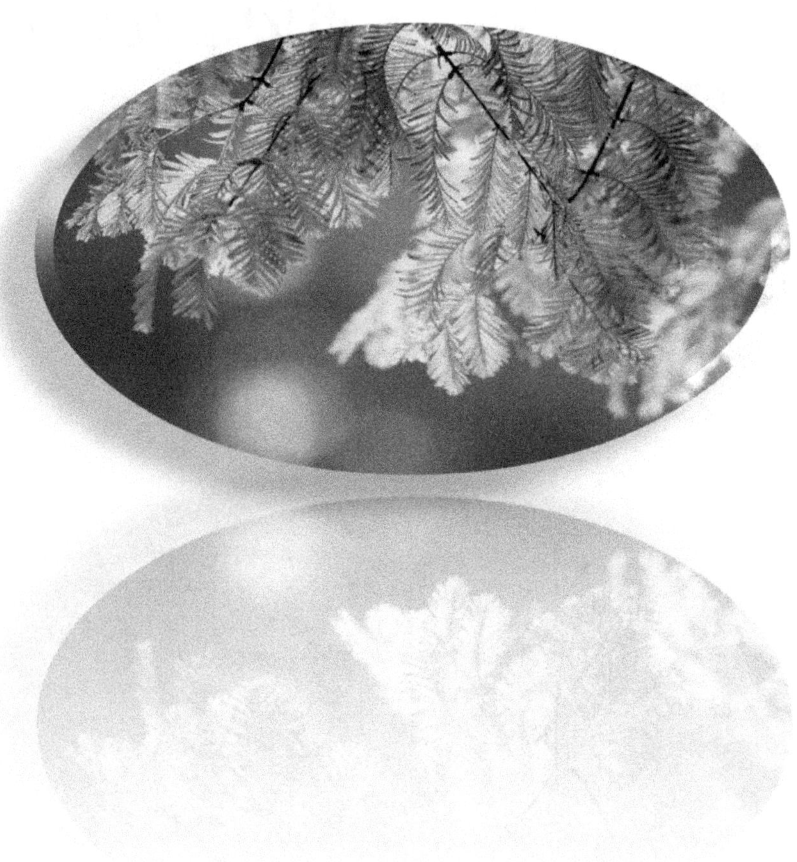

Na Boskim Sądzie

Stajesz przed Panem na Boskim Sądzie
Serce kołacze od Jego wielkości
Teraz wszak poddasz się Pana osądzie
Teraz wszak poznasz smak Jego mądrości

Przez głowę myśli tabun przelatuje
Wciąż wierzysz, że dobrym człowiekiem byłeś
Wierzysz, że Pan Twą duszę uratuje
Nikomu przecież zła nie uczyniłeś

Pan spojrzał w oczy, łagodnie zapytał
Powiedz mój synu, czyś Miłość zrozumiał
Czy żeś swą złością na innych nie zgrzytał
Czyś za swe błędy innych nie obwiniał

Głowę spuściłeś, żonę zobaczyłeś
Jeszcze przed chwilą, nienawiść doń czułeś
Teraz już wiesz, jak bardzo ją skrzywdziłeś
Jak swoją pychą, związek wasz zatrułeś

Wszystkie kobiety, które potem miałeś
Kiedy szukałeś swej wielkiej miłości
I tej jednej jedynej, co spotkałeś...
Raniłeś i porzucałeś w swej złości

Znajomego w potrzebie zobaczyłeś
Poprosił o nocleg na jedną dobę
Odmówiłeś, kłopotów mieć nie chciałeś
Innego też zbyłeś, gdy miał chorobę

Pan smuto spoglądał, On wszystko wiedział
Cicho, kolejne pytanie Ci zadał
I chociaż całe Twoje życie widział
Uczciwość Twą przed samym sobą badał

Na Boskim Sądzie

Powiedz mi mój synu, czy Wybaczałeś
Czy w Nienawiści do innych wciąż żyłeś
Czy ponad innych siebie nie stawiałeś
A może sędzią dla braci swych byłeś

Znów głowę spuściłeś, łza spadła z oka
Twa pycha, kiedy wszystkich oceniałeś
Twa wiara, że lepszy byłeś, głęboka
I ten brak skruchy, gdy w oczy kłamałeś

Czy odpowiedzialność za życie wziąłeś
Za swe wybory, decyzje i słowa
A może w konformizmie utonąłeś
A Twa wiara we mnie, to puste słowa

Wszak wolną wolę Ci podarowałem
O jedną małą rzecz tylko prosiłem
Abyś w Miłości bliźniego żył, chciałem
I w każdej Twej chwili, przy Tobie byłem

I kiedy kochałeś, szczęśliwy byłeś
Kiedy raniłeś, krzywdziłeś, mamiłeś
Gdy na zło z obojętnością patrzyłeś
I kiedy w swym życiu się pogubiłeś

Jednak Twa Pycha od Miłości większa
Znaki Ci dawałem, Ty nie słuchałeś
Empatia, to Coś, co życie upiększa
Ego karmiłeś, Ufności nie miałeś

Za kolor, braci swych nienawidziłeś
Za przekonania i poglądy inne
Złe słowa przeciwko braciom mówiłeś
A słowa raniły jak miecze zwinne

Szatana szukałeś, nie Boga wszędzie
Chociaż to Ja świat dla Ciebie stworzyłem
Serce zamykałeś, chciałeś żyć w błędzie
Tak było wygodniej, choć Ja tam byłem

Na Boskim Sądzie

Płaczesz, teraz, gdy przede mną tu stajesz
Widzisz swe winy, lecz żal jest spóźniony
Inni też płakali, za to co dajesz
Ty byłeś zimny, bezwzględny, zwaśniony

Do nieba pukasz, lecz czy Raj dla Ciebie
Łzy, Nienawiść, Obojętność przynosisz
Czy sprawiedliwe ulec Twojej prośbie
W Miłości nie żyłeś, o Niebo prosisz

Cenny Dar

Jakże wielka jest buta człowieka
Zapatrzonego w ułudy sztandar
Tak łatwo miłości się wyrzeka
I odrzuca dany przez Boga Dar

O miłości wielkie słowa mówi
Za wielką miłością przemierza świat
A gdy już ją znajdzie, łatwo gubi
I nie wie, jak pielęgnować ten kwiat

A miłość jest jak poranny deszczyk
Co sprawia, że trawa zielenieje
Otula twe serce niczym płaszczyk
Budzi je i dusza promienieje

A miłość jest jak ten barwny motyl
Wolny, radosny i kolorowy
Cenna jak zielonooki beryl
Ciepła jak płomień ognia zimowy

Miłość, życie daje i odbiera
Szczęście daje i uśmiech radosny
Rodzi łzy, tęsknotę - gdy umiera
Gdy zostają tylko myśli i sny

Miłość jest sercem serc tego świata
Schowaj butę, nie goń za ułudą
Gdy miłość przeoczysz - wielka strata
Zawsze już będziesz gnał za tą zgubą.

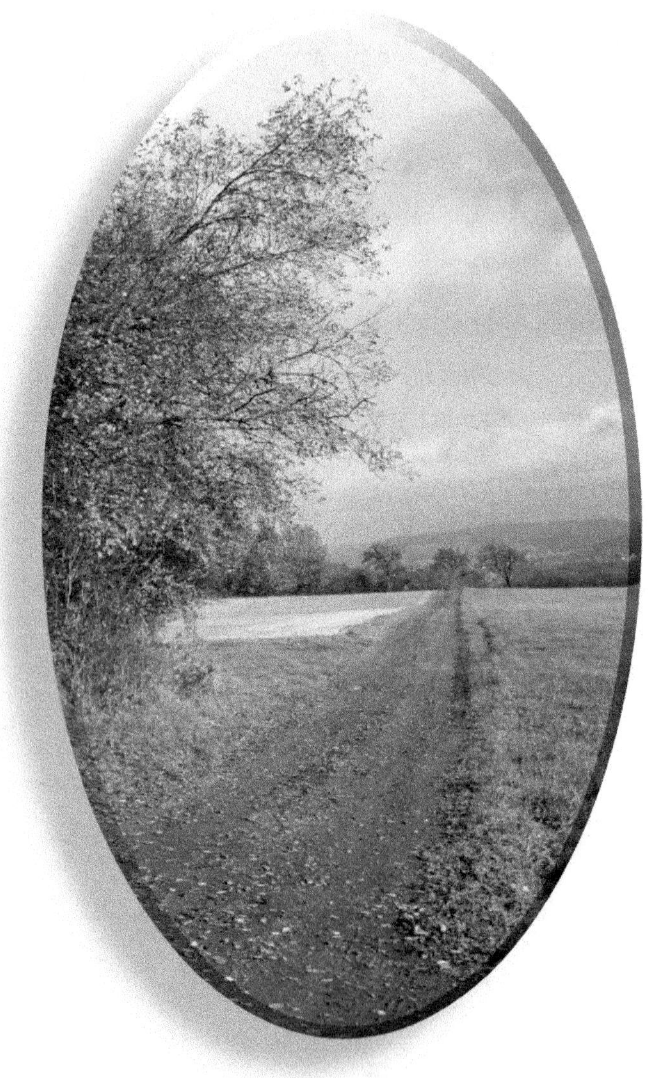

Kiedy Ktoś Odchodzi

Kiedy ktoś bliski odchodzi
Przychodzi do nas trudny czas
Ból, żal, złość, smutek nachodzi
Rozrywa serce i duszę w nas

Myśli ku niebu kierujesz
Krzyczysz - Mnie też zabierz Boże!
Kochanego opłakujesz
Łez gorzkich wylewasz morze

Pytasz Los czemu zadrwił
Czemu twym życiem poigrał
Czemu samą tu zostawił
Czemu uczuciami zabawił

KATARZYNA NOWOCIN-KOWALCZYK

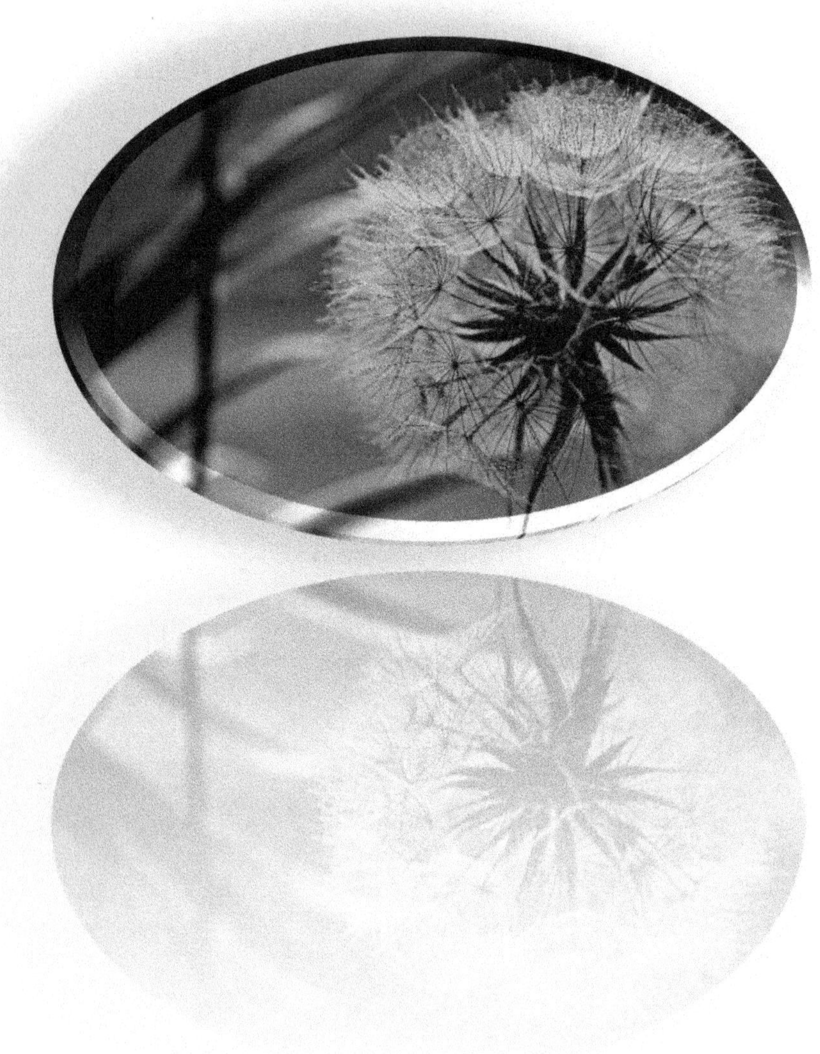

Tęsknota boli aż boli
Na sercu wielki głaz
Czekasz, że coś cię wyzwoli
Kopytami rozbije Pegaz

Mijają dni, czasem lata
Serce krwawi, ból nie mija
Próbujesz żyć, wciąż ta krata
Pamięć jak podstępna żmija

Aż w końcu przychodzi spokój
Rozumiesz, czemu się stało
I choć pamięć wciąż jak ten zbój
Ufasz, wiesz, że tak być miało

Życie

Nie szukaj tego, co już znalazłeś
Nie biegnij za czymś, co jest o krok
Nie przegap szczęścia, które dostałeś
Nie goń za miłością, która jest obok

Dostajesz w życiu wszystko, czego chcesz
Dostajesz w życiu najlepsze dobro
Często nie widzisz, jak ślepiec żyjesz
Wypuszczasz z dłoni dane ci srebro

A On tam na górze szanse wciąż daje
Abyś zrozumieć żywota sens chciał
Zadania nowe stale poddaje
Byś z życia egzamin wreszcie zdał

Życie

Bo życie jest jak dziecka bajka
Czasem trudne, bolesne, szczęśliwe
Jest jak polna niezapominajka
Niebieskookie i urokliwe

Ale to ty swe wybory czynisz
To ty życia jesteś kreatorem
Jeśli się zamkniesz w żelaznej skrzyni
Zostaniesz tylko biernym aktorem

Otwórz swe oczy i otwórz serce
Logika nie zawsze pomocna jest
Jeśli zaufasz bożej iskierce
Wygrasz swe życie, zdasz miłości test

Dziękuję

Dałeś mi życie, choć przecież o nie, nie prosiłam
Dałeś mi szczęście, choć jakże często grymasiłam
I miłość też mi dałeś i radość podarowałeś
A w trudnych chwilach, Anioły swe do mnie zsyłałeś

I dzieci także mi dałeś, najlepsze z najlepszych
Aby wsparciem mym były podczas dni pochmurniejszych
Dałeś mi siłę, bym przeszkody pokonywała
I dałeś serce, abym innym ofiarowała

Często głosu nie słuchałam, po swojemu żyłam
I tak oto, z własnej woli, ciemności doświadczyłam
Krzyczałam - Gdzie jesteś Boże i czemu to robisz!
Zła byłam na Ciebie, wierzyłam, że mnie nie lubisz

A Ty, jak mój dobry Tato, z uśmiechem patrzyłeś
Czekałeś, aż zrozumiem, bo jednak mnie lubiłeś
Dużo tych lekcji było, wciąż o coś się potykam
Ale wiem już, że jesteś i wszędzie Cię spotykam

Dziękuję, że jesteś Tato, tak wiele mi dajesz
Im bardziej Ci ufam, tym więcej dobra dostaję
Nie muszę się już martwić, spokój w mym sercu gości
Dajesz, czego potrzebuję i wiele miłości

Chwile

W życiu piękne są tylko chwile
Pewien poeta znany śpiewał
Więc łap te chwile jak motyle
Obyś jak najwięcej ich miewał

Bo życie przecież z chwil się składa
Nie ma jutra i nie ma wczoraj
Tak właśnie Pan to poukładał
Doceniaj chwile i je zbieraj

Żyj, Śmiej się, Kochaj, Szczęśliwy bądź
Od Szaleństw nie stroń, za łby je weź
Porzuć obawy, szczyty zdobądź
Niech z brzegów swych wystąpi Świteź

Chwile

Wolny bądź i chwile swoje łap
Może ta jedna, to ostatnia
Uważnie więc patrz i nie przegap
Może tuż obok - dusza bratnia

Szkoda czasu na zamartwianie
Nienawiść i żal niepotrzebne
Szkoda czasu na narzekanie
Czy to jest wiano twe żałobne

Bo gdy nadejdzie dni Twoich kres
I wspominania przyjdzie pora
Gdy wrota swe otworzy Hades
Możesz zobaczyć tam potwora

Więc ciesz się życiem, chwile chwytaj
Wszak tylko ta chwila ważna jest
Do tyłu nie patrz, drzwi domykaj
Ta chwila, to Twego życia treść

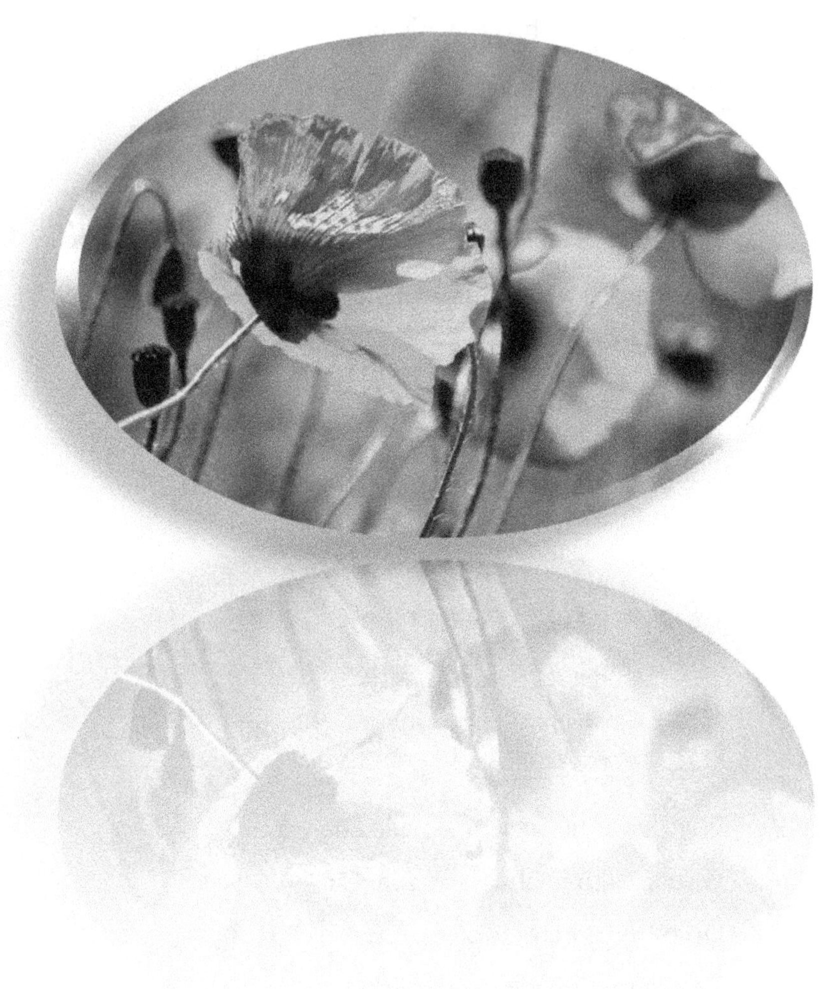

Twoje jutro zależy od tego,

co wybierzesz dzisiaj.

Świadomość jest Kluczem.

Wybrane

Kiedy wybaczysz, przeszłość zrozumiesz
Otworzysz serce, zobaczysz więcej
Lęki przegonisz, spokój poczujesz,
Zapragniesz kochać jeszcze goręcej
(Demony)

~~~

Miłość i przyjaźń, cenne wartości
Droższe od złota i złej dumności
Mądry je zbiera i pielęgnuje
Ślepiec się bawi, a potem żałuje
(Czego Chcesz)

~~~

Co było w przeszłości jest i w przyszłości
Zło, Dobro, które innym dawaliśmy
Jak dużo miłości i ile złości
Jak kochaliśmy czy wybaczaliśmy
(Aleksander)

~~~

Miłość jest sercem serc tego świata
Schowaj butę, nie goń za ułudą
Gdy miłość przeoczysz - wielka strata
Zawsze już będziesz gnał za tą zgubą.
(Cenny Dar)
~~~

~~~

Wybaczanie, jakaż jest to potęga
Wybaczanie, spokój błogi przynosi
Zmienia przyszłość, a miłość niebios sięga
Miłość skały kruszy, góry przenosi
(Aleksander)

~~~

Pycha to demon jest najpotężniejszy
Ślepcem i głupcem człowieka uczyni
Pycha to piekieł sługa najwierniejszy
Słowami żongluje piekieł mistrzyni
(Anioł)

~~~

Warto chwytać swe marzenia
One nie są do trwonienia
One nie są do smucenia
Marzenia są do tworzenia
(Muzyk Doskonały)

~~~

Ale to ty swe wybory czynisz
To ty życia jesteś kreatorem
Jeśli się zamkniesz w żelaznej skrzyni
Zostaniesz tylko biernym aktorem
(Życie)

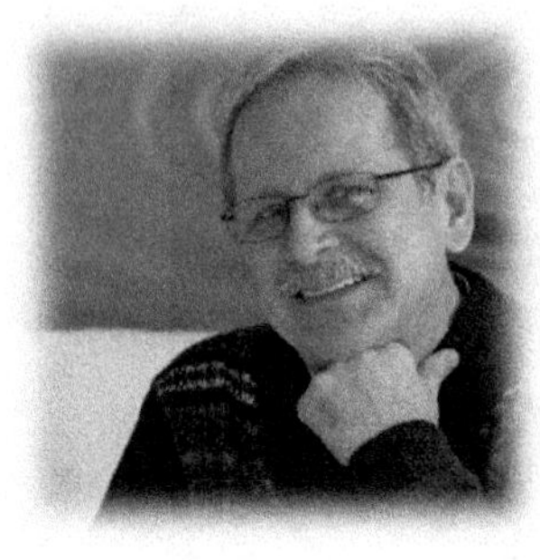

Fotografie

Dieter Peter Windheim

Niemiecki artysta, urodzony i wychowany w Polsce, a obecnie mieszkający w Niemczech. W sercu bardzo mocno związany z Polską, aczkolwiek ze względu na swoje niemieckie pochodzenie oraz ówczesną sytuację polityczną panującą w powojennej Europie, w latach 70-tych XX wieku, Dieter Peter został zmuszony wraz z rodziną, do opuszczenia kraju swojego dzieciństwa. Jednak jak sam często mówi: *„Polska była, jest i pozostanie moją Ojczyzna."*

Jego wielką pasją jest malarstwo, rzeźba, ceramika a także fotografia. Wystawy prac Dietera Petera zawsze cieszą się ogromna popularnością i uznaniem.

Fascynuje go Natura i jej piękno. Często skupia się na detalu pokazując jednocześnie jakby większy obraz całości. Pokazując coś, co wielu umyka. Coś, czego wielu nie widzi. *„Uwielbiam spoglądać na otaczającą nas przyrodę, krajobrazy. Kocham zwierzęta. To daje mi niesamowitą ilość pozytywnej energii, której każdy z nas tak bardzo potrzebuje."* – opowiada. – *„Po przeczytaniu tekstów literackich Katarzyny Nowocin-Kowalczyk odnalazłem siebie. Natychmiast zakochałem się w pięknych słowach, którymi Katarzyna opowiada historie. Maluje słowami niczym malarz farbami. Maluje uczucia. Polski literacki język ma dla mnie szczególną wartość, gdyż nie można go porównać z językiem dnia dzisiejszego. Tego samo doświadczył mój wielki Przyjaciel i Artysta śp. Marek Szczęsny, którego obrazy znajdują się w pierwszym tomiku wierszy Katarzyny pt. „Chcę…"*

Dawno nie czytałem tak pięknych, wypełnionych po brzegi emocjonalnymi słowami wierszy, jakimi jest poezja Katarzyny. Cokolwiek bym nie czytał, już pierwsze słowa mają dla mnie ogromne znaczenie. Za każdym razem odnajduję tam siebie i odnajduję przeżycia, które miały miejsce w moim życiu. Bogactwo używanych słów jest dla mnie potwierdzeniem pieknego polskiego języka literackiego. Jestem szczęśliwy ze znalazłem Ciebie Katarzyno i Twój piękny polski język literacki, którego używasz. Dziękuję, że Jesteś.

- Dieter Peter Windheim

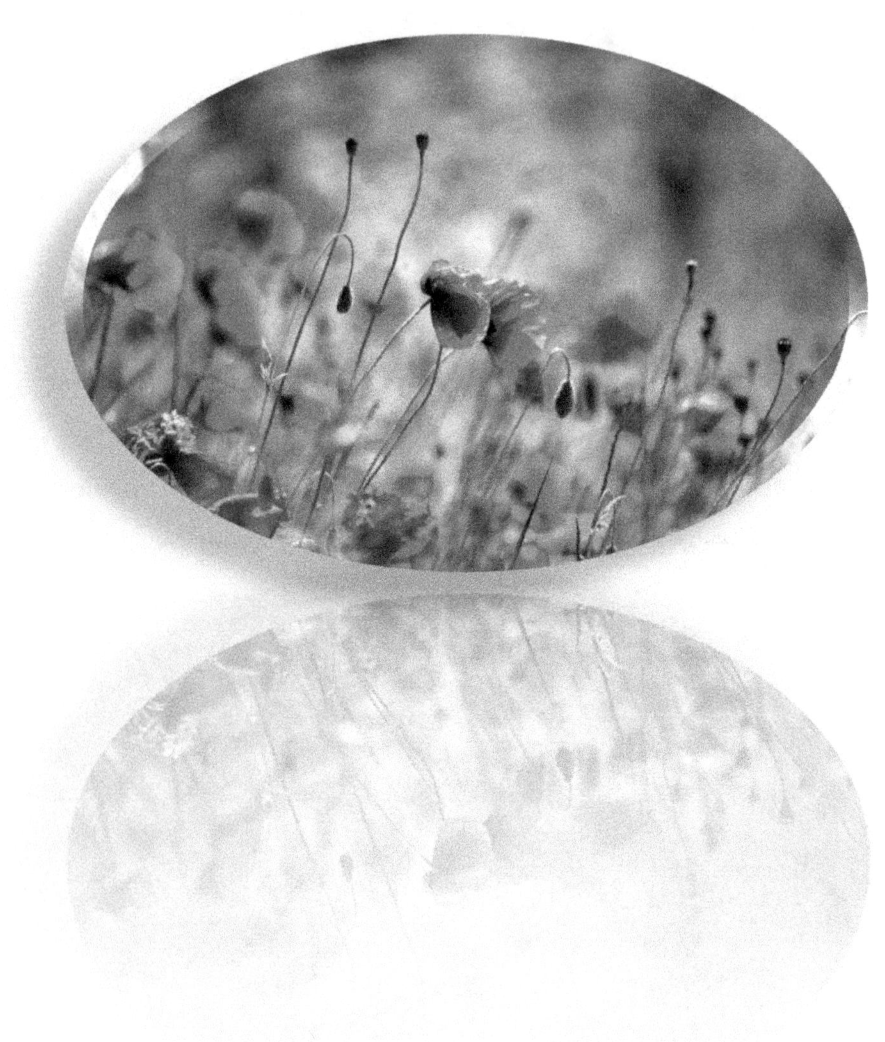

Podziękowanie

Kiedy po raz pierwszy zobaczyłam zdjęcia **Dieter Peter Windheim**, czas się zatrzymał. Byłam jakby poza czasem i nie mogłam oderwać wzroku od tych fotografii. Każde zdjęcie opowiada jakąś historię, a te historie łączą się ze sobą w większą całość. Dokładnie tak, jak nasze życie. Obrazki z podróży zwanej Życiem. Pomyślałam: - Kim jest człowiek, który potrafi w tak piękny sposób przedstawić coś, czego wielu nawet nie zauważa? Kim jest człowiek, który potrafi dostrzec detal w Naturze i uchwycić jego piękno? Kim jest ten człowiek, który w mroku widzi światło? – Dziękuję Dieter Peter za Twoje piękne zdjęcia i za udostępnienie ich w mojej książce.

Dziękuję **Kay Umland**, która po raz kolejny stanęła na wysokości zadania i stworzyła wspaniałą okładkę do tej książki.

Dziękuje również **Konrad Tademar** za przeczytanie tych wierszy oraz za wspaniałą recenzję.

I dziękuję **Tobie, Drogi Czytelniku**. Dziękuję za zaufanie. Dziękuję za to, że sięgnąłeś po tę książkę i przeczytałeś te historie wierszem spisane. Każdy z nas jest podróżnikiem, bo nasze życie to niesamowita podróż w czasie i poprzez czas. Życie jest Drogą.
Katarzyna Nowocin-Kowalczyk, autor

Spis Treści

www.ingramcontent.com/pod-product-compliance
Lightning Source LLC
LaVergne TN
LVHW010617100826
845148LV00014B/3004

* 9 7 9 8 9 8 6 8 6 0 4 9 7 *